中学历史校本教材

中国近现代史
文献选读

黄永友　主编

SPM 南方传媒　广东人民出版社

·广州·

图书在版编目（CIP）数据

中国近现代史文献选读 / 黄永友主编. —广州：广东人民出版社，2023.5
ISBN 978-7-218-16409-0

Ⅰ.①中… Ⅱ.①黄… Ⅲ.①中国历史—近现代—文集 Ⅳ.①K207-53

中国版本图书馆CIP数据核字（2022）第252878号

ZHONGGUO JIN-XIANDAI SHI WENXIAN XUANDU
中国近现代史文献选读

黄永友　主编

出 版 人：肖风华

责任编辑：王庆芳　范先鋆
责任技编：吴彦斌　周星奎

出版发行：广东人民出版社
地　　址：广州市越秀区大沙头四马路10号（邮政编码：510199）
电　　话：（020）85716809（总编室）
传　　真：（020）83289585
网　　址：http://www.gdpph.com
印　　刷：广州小明数码快印有限公司
开　　本：787毫米×1092毫米　1/16
印　　张：12　　字　数：220千
版　　次：2023年5月第1版
印　　次：2023年5月第1次印刷
定　　价：45.00元

如发现印装质量问题，影响阅读，请与出版社（020-85716849）联系调换。
售书热线：020-85716863

编委会

前 言

20世纪20年代，傅斯年先生提出"史学就是史料学"的口号，号召从中国传统史学中走出来的国人重审史料，对史料进行甄别、分析与解释，这也成为中国现代史学发展的基调。由于历史的过程是不可逆的，所以史料是研究历史的重要桥梁。特别是新一轮课程改革的推进，对中学历史教学也提出了新的要求，如何在日常教学中恰当地运用史料和学术成果，是中学历史教师需要思考和尝试的方向。

基于日常教学的需要，我们在课题研究和校本选修课的基础之上，汇编而成若干"文献选读"读本，《中国古代史文献选读》和《中国近现代史文献选读》是其中两项阶段性成果。在本书编写过程中，我们基于以下几方面进行思考。

一、精心选择文献读本

按照中学历史新教材通史体例，我们把中国近现代史分为九讲，每讲前面简述历史阶段特征，为学生搭建整体的时空框架。每讲后面摘选几篇经典原始文献，篇幅简短。每篇文献由文献选编、文献解读和探究问题三个部分组成。文献选编围绕核心主题，精选经典史料；文献解读提供文献来源、写作背景和相关史实；探究问题基于文献内容和日常教学需要，设置针对性问题，培养学生史料实证、历史解释等能力素养。

本书在编写过程中，最为核心也最为困难的是文献选编，中国近现代史文献浩如烟海，汗牛充栋，我们选择哪些经典文献？从这些文献中摘编哪些内容？整个编写过程中，我们一直思考和不断调整。学生已经读过哪些，学生能够读哪些，学生喜欢读哪些，哪些文献对历史教学有更大的辅助作用，这些都是我们精选文献的重要出发点。

中国近现代史记述了1840年至今的历史，教材浓缩史实与结论在所难免，所以做适当的补充工作是必需的。教材《中外历史纲要》（上）有这几句表述："边疆不断出现危机，中国面临'数千年未有之大变局'"；"中国共产党开始认识到掌握武装力量的重要性，发动了一系列武装起义，开辟了中国革命的新道路"；"中国共产党在极端困难的条件下坚持抗战，起到了中流砥柱的作用"。这些结论概括性强，学生理解起来较为困难，要增强学生对历史的理解力和感悟力，何不直接让学生读读《鸦片战争档案史料》《中国的红色政权为什么能够存在？》《中共中央为公布国共合作宣言》等文献？我们尽力引导学生阅读原始文献，"读原著、学原文、悟原理"，在中学教材和历史细节之间搭建桥梁，为学生创设历史情境。

二、拓展师生阅读视野

近年来，随着教材改革和高考评价体系改革的推进，课堂教学和高考命题更加注重创设多维历史情境，考查学生面对新话题、新材料时解决问题的能力，这是立足于教材且高于教材的知识迁移。在实际的教学实践中，部分学生在面对阅读材料时无从下手，这和阅读能力的欠缺有很大关系。而只有具备良好的阅读能力，才能够理解材料，并进一步分析问题、解决问题。

依托教材线索的文献研读，一方面能够使学生获得熟悉感，激发阅读兴趣，帮助学生理解教材结论的由来；另一方面，通过原典史料的呈现和探究问题的设置，在提升学生的文本阅读能力的基础上，训练其历史思维与表达能力。对历史有更大兴趣的学生能够在教材提供的文献阅读之外，获得更多的历史文献阅读的机会。

本书力图将课内知识和拓展阅读结合起来，希望可以帮助同学们通过阅读原典史料，回到历史现场，触摸历史细节，深度思考，探究问题，既能提升对教材内容的理解，也能拓宽历史认识的视野，为以后的学习、工作与生活打下基础。

三、提升历史核心素养

历史学科核心素养包括唯物史观、时空观念、史料实证、历史解释、家国情怀五个方面。把阅读训练和课内知识相结合，在激发学生阅读兴趣的基础上提升阅读能力，培养史料实证意识，深化教材内容，提升历史解释素养。历史学习的重要方法就是要养成收集、处理"证据"的习惯，形成"证明"的能力，并且能够以实证精神对待历史与现实问题。中学历史教学也应从学生长远发展和终身教育的角度出发，让此种习惯和能力成为学生历史学习方面的基本素质，为进一步的学习研究奠定坚实的基础。这是本书编写的重要目的。

对于一线中学历史教师来说，在日常教学中，如何利用史料文献助力课堂教学，提升学生历史学科核心素养，是亟待解决的命题。本书引领学生阅读历史原始文献和经典著作，提高学生文本阅读与语言建构能力，提高历史学科核心素养，从历史发展的角度理解并认同社会主义核心价值观和中华优秀传统文化，认识并弘扬以爱国主义为核心的民族精神和以改革创新为核心的时代精神，促使学生具有广阔的国际视野，树立正确的世界观、人生观、价值观和历史观。

在我们看来，讲授历史，常常是一个讲故事的过程。希望本书呈现的内容能够让课堂里的故事变得丰满，同时吸引更多的学生走进历史、思考历史。希望本书可以为同行提供一些参考和选择，也希望该书能对学生学习历史起到一定的助推作用。

本书的出版得到了广东人民出版社领导及王庆芳编辑、范先鋆编辑等同志的鼎力支持与配合。此外，在写作过程中还参考和借鉴了不少前人文献以及专家、学者的研究成果，受益颇多，在此一并致谢。特别需要指出的是，本书是广东省教育科研"十三五"规划项目"基于'主题探究'的史料教学研究"的一项阶段性成果（课题批准号为2019YQJK562），书中所引用的史料、表达的观点并非尽善尽美，也许还存在一些有争议、尚需进一步研究的问题。同时，由于时间紧迫、水平有限，书中不足之处在所难免，欢迎读者批评指正。

编者

2022年6月8日

目 录

❧

1

第三讲 辛亥革命与中华民国建立

第四讲 中国共产党的成立与新民主主义革命的兴起

第五讲 南京国民政府的统治和中共探索革命新道路

第六讲　中华民族的抗日战争

第七讲　人民解放战争

第八讲　中华人民共和国成立与社会主义建设

第九讲 改革开放与中国特色社会主义道路

凡　例

1. 本书所选编文献均在文末标注出处，并且根据王宁主编《通用规范汉字字典》（商务印书馆2013年版）中所体现的简化字与繁体字、正字与异体字的对应关系作相应处理，其余（包括标点符号）均遵照出处原文。格式亦参考原文。

2. 选编文献出处中的注释酌情保留并以脚注的方式出注。

3. 本书编者对该段文献的解读为区别于文献原文，使用楷体，并加括号括注。

4. 文献中或有讹误的字词，在其后做说明，以六角括号括注，并标明编者注，例如：政冶〔应为"治"，编者注〕。

第一讲

鸦片战争后内忧外患与救亡图存

阶段特征

　　鸦片战争爆发后，清政府被迫签订一系列不平等条约，国家陷入内忧外患的严重局面，逐步沦为半殖民地半封建社会。我们伟大祖国的历史进入充满了磨难的近代时期。边疆不断出现危机，中国面临数千年未有之大变局，近代中国人民开始寻求国家出路的早期探索。洪秀全发动太平天国起义，试图推翻清朝，建立"地上天国"。继而，清政府推行洋务新政，试图解决国弱民贫问题，但这些都未能挽救国家落后挨打的局面。

▌文献选编▶

钦差大臣林则徐等奏为英国非不可制
请严谕将英船新烟查明全缴片（节选）

七月二十四日（军录）

　　再，臣等会办夷务以来，窃思鸦片必要清源而边衅亦不容轻启，是以兼筹并顾，随时密察夷情，乃知边衅之有无，惟视宽严之当否。宽固可以弭衅，宽而失之纵弛，则贻患转足养痈；严似易于启衅，严而范我驰驱，以小惩即可大戒，此中操纵，贵审机宜。

　　夫震于嘆咭唎之名者，以其船坚炮利而称其强，以其奢靡挥霍而艳其富。不知该夷兵船笨重，吃水深至数丈，只能取胜外洋，破浪乘风，是其长技，惟不与之在洋接仗，其技即无所施。至口内则运掉不灵，一遇水浅沙胶，万难转动。是以货船进口，亦必以重资倩土人导引，而兵船更不待言矣。从前啡唠啤冒昧进虎门，旋即惊吓破胆，回澳身死，是其明证。且夷兵除枪炮之外，击刺步伐，俱非所娴，而其腿足裹缠，结束紧密，屈伸皆所不便，若至岸上，更无能为，是其强非不可制也。

　　该夷性奢而贪，不务本富，专以贸易求赢，而贸易全赖中国界以马头，乃得借为牟利之薮。设使闭关封港，不但不能购中国之货，以赚他国之财，即彼国之洋布棉花等物亦皆别无售处。故贸易者，彼国之所以为命，而中国马头，又彼国贸易者之所以为命，有断断不敢自绝之势。而彼肆其贪狡，乃以鸦片漏中国之卮，历年既深，得财无算，于是奸商黠贾，富甲诸夷。第又闻该国前因构兵多年，大亏国用，乾隆年间于粤省夷馆设立公司，抽取贸易之利，原议三十年限满，即听民自作买卖。迨限满而国用无出，又展两次限期，该国夷民遂多不服。甫于道光十四年将公司撤去，是其富亦不足夸也。（英国人性奢而贪，贸易全靠中国码头；输入鸦片，富甲诸夷）

　　且该国所都嗰唎地方来至中华，须历海程七万里，中间过峡一处，风涛之恶，四海所无，行舟至此，莫不股栗。是则越国鄙远，尤知其难，迥非西北口外，得以纵辔长驱之比。又闻该国现系女主，在位四载，年仅二十，其叔父分封外埠，恒有觊觎之

心，内顾不遑，窥边何暇。……（对英国地理、政体的认识）

臣等细察夷情，略窥底蕴，知彼万不敢以侵凌他国之术窥伺中华，而其肱篋奸谋，总以鸦片为浸淫之渐。当臣林则徐到粤之始，雷厉风行，该夷知臣等上秉天威，惟恐患不可测，故一经严谕，即将二万余箱和盘托出。嗣见稍为宽假，未曾僇及夷人，甫定惊魂，复萌故智。遂徘徊海上，请以澳门为马头，冀逃约法之严，兼收东隅之失，此又其情之大可见者也。（英国难以很快地对中国发动战争，主张查禁鸦片）

……

伏乞皇上明降严旨，切责臣等务将夷船新烟查明全缴，如违即照新例惩办，彼奸夷自必靡然帖服，于杜弊清源之道，实为有裨。在民生永断病源，无非托一人之福祐，在臣等懔肩重任，尤须仗圣主之恩威。不揣冒昧，谨合词附片沥陈，伏乞圣鉴。谨奏。

朱批：另有旨。

——中国第一历史档案馆编：《鸦片战争档案史料》（第一册），上海人民出版社1987年版，第673—675页

解读

这是林则徐在1839年9月上奏所附《英国非不可制请严谕将英船新烟查明全缴片》。在林则徐看来：英国以船坚炮利而称强，但其兵船笨重，无法在口内作战，士兵脚足屈伸不便，陆战难能有为。英国人性奢而贪，其富全赖对外贸易，若中国扼制住自己的码头，便会绝其富源。总之，其强可以制，其富不足夸。

正是基于这种看法，林则徐在下文中进而论述，英国难以很快对中国发动战争，他们无非是"借此暗为哃喝"而已，中国不应感到害怕，而要坚决地将英商新贩的烟土查缴。林则徐不为英国的富强所吓倒，主张坚决斗争，这与妥协投降派人物的表现形成了鲜明的对比。而另一方面，也可以看出，林则徐这时对英国的认识还说不上十分深刻，在有些事情上只见其表象，甚至仍然受着荒诞讹传的影响。

长期的闭关锁国环境，必然造成国人对外域情况知之甚少。林则徐辈的可贵之处，就在于不固执成见，有"开眼看世界"的强烈欲望，不断主动地增进对外域知识的了解。这当然也是一个逐步的过程，不可能一蹴而就。

探究

结合鸦片战争前后历史情景，概括林则徐当时对英国认识的情况，从中你得出什么历史认识？

文献选编▶

南京条约（节选）

道光二十三年五月二十九日，1843年6月26日，在香港交换批准书。

兹因大清大皇帝，大英君主，欲以近来之不和之端解释，息止肇衅，为此议定设立永久和约。是以大清大皇帝特派钦差便宜行事大臣·太子少保·镇守广东广州将军宗室耆英，头品顶戴花翎·前阁督部堂·乍浦副都统红带子伊里布；大英伊耳兰等国君主特派全权公使大臣·英国所属印度等处三等将军·世袭男爵璞鼎查；公同各将所奉之上谕便宜行事及敕赐全权之命互相较阅，俱属善当，即便议拟各条，陈列于左：

一、嗣后大清大皇帝、大英君主永存平和，所属华、英人民彼此友睦，各住他国者，必受该国保佑身家全安。

一、自今以后，大皇帝恩准大英国人民带同所属家眷，寄居大清沿海之广州、福州、厦门、宁波、上海等五处港口，贸易通商无碍。且大英君主派设领事、管事等官住该五处城邑，专理商贾事宜，与各该地方官公文往来，令英人按照下条开叙之例，清楚交纳货税、钞饷等费。（开放五处通商口岸）

一、因大英商船远路涉洋，往往有损坏须修补者，自应给予沿海一处，以便修船及存守所用物料。今大皇帝准将香港一岛给予大英君主暨嗣后世袭主位者常远据守主掌，任便立法治理。（割让香港岛）

一、因大清钦差大宪等于道光十九年（1839年）二月间经将大英国领事官及民人等强留粤省，吓以死罪，索出鸦片以为赎命，今大皇帝准以洋银六百万元偿补原价。（补偿英国鸦片贸易损失）

一、凡大英商民在粤贸易，向例全归额设行商，亦称公行者承办，今大皇帝准以嗣后不必仍照向例，乃凡有英商等赴各该口贸易者，勿论与何商交易，均听其便。且向例额设行商等内有累欠英商甚多无措清还者，今酌定洋银三百万元，作为商欠之数，准明由中国官为偿还。（英商可在广州自由贸易）

一、因大清钦命大臣等向大英官民人等不公强办，致须拨发军士，讨求伸理，今酌定水陆军费洋银壹千贰百万元，大皇帝准为偿补，惟自道光二十一年六月十五日（1841年8月1日）以后，英国因赎各城收过银两之数，大英全权公使大臣为君主准可，按数扣除。（赔款一千两百万银元）

……

一、前第二条内言明开关俾英国商民居住通商之广州等五处，应纳进口、出口货税、饷费，均宜秉公议定则例，由部颁发晓示，以便英商按例交纳。今又议定，英国货物自在某港按例纳税后，即准由中国商人遍运天下，而路所经过税关不得加重税例，只可按估价则例若干，每两加税不过分。（协定关税权）

一、议定英国住中国之总管大员，与大清大臣无论京内、京外者，有文书来往，用"照会"字样；英国属员，用"申陈"字样；大臣批覆用"札行"字样；两国属员往来，必当平行照会。若两国商贾上达官宪，不在议内，仍用"禀明"字样为著。（外交往来）

……

道光二十二年七月二十四日，即英国记年之一千八百四十二年八月二十九日，由江宁省会行大英君主汗华丽船上钤关防。

——翦伯赞、郑天挺主编：《中国通史参考资料·近代部分》（上册），中华书局1980年版，第66—68页

▣ 解 读 ▣

《南京条约》（*Treaty of Nanking*），清廷原称《万年和约》，后世又称《江宁条约》《南京条约》，是中国近代史上第一个不平等条约。该条约签订于1842年，由清政府钦差大臣耆英、伊里布与英国代表璞鼎查在南京下关江面签订，标志着第一次鸦片战争的结束。

1843年7月22日、10月8日，耆英与璞鼎查又先后签订中英《五口通商章程》和《虎门条约》，作为《南京条约》的补充和细则，将协定关税和租界制度予以落实，并使英国取得领事裁判权、片面最惠国待遇等权益。

《南京条约》破坏了中国的领土完整和关税主权，便利了英国对华的商品输出，使中国开始沦为半殖民地半封建社会。《南京条约》签订后，西方列强趁火打劫，相继强迫清政府签订了一系列不平等条约，进一步侵犯了中国的主权，破坏了中国的自然经济，并加速了清王朝的衰亡。

▣ 探 究 ▣

结合《南京条约》的内容，分析鸦片战争后中国社会的"千年巨变"（从政治、经济、思想、社会、外交等方面）。

▌文献选编▶

海国图志原叙（节选）

《海国图志》六十卷何所据？一据前两广总督林尚书所译西夷之《四洲志》，再据历代史志及明以来岛志，及近日夷图、夷语，钩稽贯串，创榛辟莽，前驱先路。大都东南洋、西南洋增于原书者十之八，大、小西洋、北洋、外大西洋增于原书者十之六。又图以经之，表以纬之，博参群议以发挥之。

何以异于昔人海图之书？曰：彼皆以中土人谭西洋，此则以西洋人谭西洋也。

是书何以作？曰：为以夷攻夷而作，为以夷款夷而作，为师夷长技以制夷而作。

……

以守为攻，以守为款，用夷制夷，畴司厥楗。述"筹海篇"第一。

纵三千年，圜九万里，经之纬之，左图右史。述"各国沿革图"第二。

夷教夷烟，毋能入界，嗟我属藩，尚堪敌忾。志"东南洋海岸各国"第三。

吕宋、爪哇，屿埒日本，或噬或骇，前车不远。志"东南洋各岛"第四。

……

水国恃舟，犹陆恃堞。长技不师，风涛谁慑。述"战舰条议"第十六。

五行相克，金火斯烈。雷奋地中，攻守一辙。述"火器火攻条议"第十七。

轨文匪同，货币斯同。神奇利用，盍殚明聪。述"器艺货币"第十八。

道光二十有二载，岁在壬寅嘉平月，内阁中书邵阳魏源叙于扬州。

——魏源撰，陈华、常绍温等点校注释：《海国图志》，岳麓书社1998年版，第1—3页

海国图志·筹海篇三（节选）

古之驭外夷者，惟防其协寇以谋我，不防其协我而攻寇也；止防中华情事之泄于

外，不闻禁外国情形之泄于华也。（批判古代闭关锁国政策，闭目塞听，孤立自己）然则欲制外夷者，必先悉夷情始；欲悉夷情者，必先立译馆翻夷书始；欲造就边才者，必先用留心边事之督抚始。

问曰：既款之后，如之何？曰：武备之当振，不系乎夷之款与不款。（指和议、和谈；接待）既款以后，夷瞰我虚实，觑我废弛，其所以严武备、绝狡启者，尤当倍急于未款之时。所以惩具文，饰善后者，尤当倍甚于承平之日。未款之前，则宜以夷攻夷；既款之后，则宜师夷长技以制夷。夷之长技三：一战舰，二火器，三养兵、练兵之法。（知己知彼，学习西方，师夷长技以制夷）……广东互市二百年，始则奇技淫巧受之，继则邪教毒烟受之；独于行军利器则不一师其长技，是但肯受害不肯受益也。请于广东虎门外之沙角、大角二处，置造船厂一，火器局一。行取佛兰西、弥利坚二国各来夷目一二人，分携西洋工匠至粤，司造船械，并延西洋舵师司教行船演炮之法，如钦天监夷官之例。而选闽、粤巧匠精兵以习之，工匠习其铸造，精兵习其驾驶、攻击。……所费不过二百五十万，而尽得西洋之长技为中国之长技。……尽裁并水师之虚粮、冗粮以为募养精兵之费。必使中国水师可以驶楼船于海外，可以战洋夷于海中。不增一饷一兵，而但裁并冗滥之兵饷。（引进西方军事技术与制度，裁并冗员）

——中华书局编辑部编：《魏源集》（下），中华书局2018年版，第843—845页

解读

《海国图志》是一部划时代的著作，其"师夷长技以制夷"命题的提出，打破了传统的夷夏之辨的文化价值观，摒弃了九州八荒、天圆地方、天朝中心的史地观念，树立了五大洲、四大洋的新的世界史地知识，传播了近代自然科学知识以及他国文化样式、社会制度、风土人情，拓宽了国人的视野，开辟了近代中国向西方学习的时代新风气。

《海国图志》自成书至辛亥革命的七十年间，连续刊刻了十余次，成为与近代中国相始终的一部名著并推动了此后的洋务运动和维新变法。自1851年之后，此书成为日本幕府末期有识之士的必读著作并使他们"思想上起了革命"（梁启超语），间接促成了明治维新运动。这从思想观念上为整个东亚学习西方文明、探索民族国家的现代化之途拉开了序幕。

　　《海国图志》正文的第一部分是魏源自己撰写的《筹海篇》，分为"议守上""议守下""议战""议款"四章，此处节选的是"议战"。从中可见，魏源提出"师夷长技"，从表面上看似乎仅限于在军事上学习西方设置官办造船厂、火器局以及"养兵练兵之法"等，其实却是试图通过军事技术与制度的引进，带动整个国家的科学技术及工商实业的发展以及人才制度、教育制度、军事制度的变革。

探 究

　　概述《海国图志》的内容和作用，认识鸦片战争后少数人"开眼看世界"的前沿思想。

文献选编▶

天朝田亩制度（节选）

　　凡分田，照人口，不论男妇，算其家人口多寡，人多则分多，人寡则分寡，杂以九等。如一家六人，分三人好田，分三人丑田，好丑各一半。凡天下田，天下人同耕，此处不足，则迁彼处，彼处不足，则迁此处。凡天下田，丰荒相通，此处荒，则移彼丰处以赈此荒处，彼处荒，则移此丰处以赈彼荒处。务使天下共享天父上主皇上帝大福,有田同耕,有饭同食,有衣同穿,有钱同使,无处不均匀,无人不饱暖也。凡男妇,每一人自十六岁以尚①,受田多逾十五岁以下一半。如十六岁以尚分尚尚田一亩,则十五岁以下减其半,分尚尚田五分;又如十六岁以尚分下下田三亩,则十五岁以下减其半,分下下田一亩五分。(建立理想天国)

凡天下,树墙下以桑。凡妇蚕绩缝衣裳。凡天下,每家五母鸡,二母彘,无失其时。凡当收成时,两司马督伍长,除足其二十五家每人所食可接新谷外,余则归国库。凡麦、豆、苎麻、布帛、鸡、犬各物及银钱亦然。盖天下皆是天父上主皇上帝一大家,天下人人不受私,物物归上主,则主有所运用,天下大家处处平匀,人人饱暖矣。此乃天父上主皇上帝特命太平真主救世旨意也。但两司马存其钱谷数于簿,上其数于典钱谷及典出入。(圣库制度)

凡二十五家中,设国库一,礼拜堂一,两司马居之。凡二十五家中所有婚娶弥月喜事,俱用国库;但有限式,不得多用一钱。如一家有婚娶弥月事,给钱一千,谷一百斤,通天下皆一式,总要用之有节,以备兵荒。凡天下婚姻不论财。凡二十五家中陶冶木石等匠,俱用伍长及伍卒为之,农隙治事。凡两司马办其二十五家婚娶吉喜等事,总是祭告天父上主皇上帝,一切旧时歪例尽除。(尊崇天父上主皇上帝)……
……

凡天下每一夫有妻子女三、四口,或五、六、七、八、九口,则出一人为兵。其余鳏寡孤独废疾免役,皆颁国库以养。(征兵和照顾孤寡独残)

凡天下诸官,每礼拜日依职份虔诚设牲馔奠祭礼拜,颂赞天父上主皇上帝,讲圣书,有敢怠慢者黜为农。钦此。

——翦伯赞、郑天挺主编:《中国通史参考资料·近代部分》(上册),中华书局1980年版,第164—168页

解读

《天朝田亩制度》是太平天国的纲领性文献,1853年颁布。内容以土地和财产分配制度为核心,扩及社会生产、社会组织、政治体制等诸多方面。在封建社会中,农民是主要的生产者,土地是他们进行生产的命脉。农民要求获得土地,以平均地产

---

① 尚,即上。上,是太平天国避讳字。下同。

为核心的平均主义思想，是他们阶级意识形态的主要反映。宋代钟相等人提出"等贵贱、均贫富"；明代李自成以"均田免粮"号召农民起义；降至清咸丰初，洪秀全颁布《天朝田亩制度》，将农民平均主义思想制度化，从而发展到了最高峰。

《天朝田亩制度》中的反封建精神，鼓舞着千百万农民群众，为推翻封建土地制度而斗争。太平军所到之处，出现了没收地主、官僚的财产，焚毁田契、债券，限制地主收租的斗争场面。但是，要在个体劳动、分散经营、农业和手工业相结合的小农经济的基础上废除私有制，并绝对平均分配所有财物，是一种空想，加上连年征战，这在当时的历史条件下是不能实现的，实际上也没有实行。

《天朝田亩制度》在具有反对封建剥削压迫的革命性的同时，也反映了小农思想意识上的落后一面。

▪ 探 究 ▪

理解《天朝田亩制度》是中国几千年来农民起义的思想结晶，分析太平天国运动的历史进步性和落后性。

▌文献选编▶

复陈购买外洋船炮折（节选）

曾国藩

咸丰十一年七月十八日（1861年8月23日）

奏为遵旨筹议，恭折复陈，仰祈圣鉴事：

窃臣承准军机大臣字寄："咸丰十一年五月三十日（1861年7月27日），奉上谕：'前因恭亲王奕䜣等奏，法夷枪炮现肯售卖，并肯派匠役教习制造，当谕令曾国藩、薛焕酌量办理。本日复据奕䜣等奏请购买外洋船炮一折，据称大江上下游设有水师，中间并无堵截之船，非独无以断贼接济，且恐由苏、常进剿，则北路必受其冲。……运到时，即交广东、江苏各督抚，雇内地人学习驾驶。著劳崇光、耆龄、薛焕并传谕毓清，即按照所奏，预为筹计。其应酌配兵丁并统带大员，及陆路进攻各事宜，并著官文、曾国藩、胡林翼先行妥为筹议。一俟船炮运到，即奏明办理。内患既除，则外国不敢轻视中国，实于大局有益。该督抚等务当悉心妥议，期于必行，不得畏难苟安！奕䜣等折，著钞给阅看。'等因。钦此。"仰见皇上圣虑周详，安内攘外之至意。（*咸丰帝采纳购置外洋船炮的建议*）

……

至恭亲王奕䜣等奏请购买外洋船炮，则为今日救时之第一要务。……轮船之速，洋炮之远，在英、法则夸其所独有，在中华则震于所罕见。若能陆续购买，据为己物，在中华则见惯而不惊，在英、法亦渐失其所恃。康熙、雍正年间，云南铜斤未曾解京之时，皆给照商人采买海外之洋铜，以资京局之鼓铸，行之数十年，并无流弊。况今日和议既成，中外贸易，有无交通，购买外洋器物，尤属名正言顺。购成之后，访募覃思之士，智巧之匠，始而演习，继而试造，不过一二年，火轮船必为中外官民通行之物；可以剿发逆，可以勤远略。（*购买外洋器物，能镇压太平军，抵御外侮，*

师夷长技以自强）……

至于酌配兵丁及统带大员，应俟轮船驶至安庆、汉口时，每船酌留外洋三四人，令其司柁司火，其余即配用楚军水师之勇丁……其统带大员，即于现在水师镇将中遴选……惟期内地军民，智者尽心，勇者尽力，无不能制之器，无不能演之技，庶几渐摩奋兴，仰副圣主深远无穷之虑。（军民同心，学习西洋船炮）

所有遵旨筹议缘由，恭折由驿覆陈，伏乞皇上圣鉴训示，谨奏。

——蒋世弟、吴振棣编：《中国近代史参考资料》，高等教育出版社1988年版，第171—173页

解读

《复陈购买外洋船炮折》是晚清重臣曾国藩1861年上奏朝廷的奏折。曾国藩在奏折中发表了一些议论，从不同层面揭示了洋务运动兴起的原因。洋务派向西方学习是从对其"轮船之速，洋炮之远"的感性认识开始的，洋务运动迅速兴起的最直接契机是镇压太平天国运动等威胁清朝统治的大规模农民起义。

可见，洋务运动仅停留在器物的层面，其根本出发点仍然是维护清政府的中央集权专制统治。这些局限性都导致了洋务运动必然失败。然而，在西方列强军事、经济侵略不断加深的危急时刻，洋务派提出"自强"的口号，通过向西方学习积极谋求抵御外侮之道的种种尝试及其所表现出来的进取精神还是值得肯定的。

在19世纪60年代洋务运动兴起、发展的同时，有倭仁、刘锡鸿等地主阶级顽固派从"中体中用"角度，抨击洋务运动"中体西用"；也有当时比较激进的资产阶级改良派从"西体西用"角度，批判洋务运动只学习西方技术，洋务运动在各种势力的反对和各种争论中艰难前行。

探究

概括分析洋务运动的背景、目的、代表人物、措施、效果等。

文献选编▶

劝学篇·外篇·设学第三（节选）

其学堂之法，约言五要：

一曰：新旧兼学。四书、五经、中国史事、政书、地图为旧学，西政、西艺、西史为新学。旧学为体，新学为用，不使偏废。（"中体西用"论）

一曰：政艺兼学。学校、地理、度支、赋税、武备、律例、劝工、通商，西政也。算、绘、矿、医、声、光、化、电，西艺也（西政之刑狱立法最善。西艺之医，最于兵事有益，习武备者必宜讲求）。才识远大而年长者，宜西政。心思精敏而年少者，宜西艺。小学堂先艺而后政，大中学堂先政而后艺。西艺必专门，非十年不成。西政可兼通数事，三年可得要领。大抵救时之计，谋国之方，政尤急于艺。然讲西政者，亦宜略考西艺之功用，始知西政之用意。（论述学习西政和西艺）

一曰：宜教少年。学算，须心力锐者；学图，须目力好者；学格致、化学、制造，须质性颖敏者；学方言，须口齿清便者；学体操，须气体精壮者。中年以往之士，才性精力已减，功课往往不能中程，且成见已深，难于虚受，不惟见功迟缓，且恐终不深求，是事倍而功半也。（从少年教起，事半而功倍）

一曰：不课时文。新学既可以应科目，是与时文无异矣。况既习经书，又兼史事、地理、政治、算学，亦必于时文有益。诸生自可于家习之，何劳学堂讲授，以分其才

16

思、夺其日力哉？朱子曰："上之人曾不思量，时文一件，学子自是着急，何用更要你教？"（《语类》卷一百九）。谅哉言乎！（变革学习内容，培养经世致用之才）

一曰：不令争利。外国大小学堂，皆须纳金于堂，以为火食束脩之费，从无给以膏火者。中国书院积习，误以为救济寒士之地，往往专为膏火奖赏而来，本意既差，动辄计较锱铢，忿争攻讦，颓废无志，紊乱学规，剽袭冒名，大雅扫地矣。今纵不能遽从西法，亦宜酌改旧规，堂备火食，不令纳费，亦不更给膏火，用北宋国学积分之法，每月核其功课，分数多者，酌予奖赏。（学习外国，揭露传统书院的弊端，改革书院）数年之后，人知其益，即可令纳费充用，则学益广、才益多矣。

一曰：师不苟求。初设之年，断无千万明师。……

……

……始则二三，渐至什伯，精诚所感，必有应之于千里之外者。昔原伯鲁以不悦学而亡，越句践①以十年教训而兴，国家之兴亡，亦存乎士而已矣。（国家兴亡，人才重要）

——张之洞著，李凤仙评注：《劝学篇》，华夏出版社2002年版，第94—96页

解读

1898年刊行的《劝学篇》是张之洞的代表作。它集中地体现了张之洞的思想方法，完整地表达了洋务派的理论纲领和施政要略，既是张之洞前几十年事业的概括和总结，也是他后十年事业的规划和蓝图。

在张之洞看来，"旧学"即"中学"指的是四书五经，即以孔孟之道为中心内容的封建主义旧文化，主要指纲常名教、封建道德。"新学"即"西学"，就是他所提出的西艺、西政与西史。西艺包括算术、绘图、矿冶、医学、物理、化学等。西政并不包括西方的政治制度，主要包括学校、地理、财政、武备、律例、通商、工业等。张之洞认为，旧学为体，即旧学为立国之根本；新学为用，即新学为巩固根本的权宜手段，不得混为一谈。

洋务派认为中学与西学的关系是：中学为根本，西学是用来辅助中学的，为巩固封建统治秩序服务。湖北两湖书院和广东的广雅书院等成为张之洞实验"中体西用"

---

① 句践，即勾践（？—前465），春秋末年越国国君。

培养新式洋务人才的重要场所。

探究

理解洋务派的主张，对比顽固派、维新派对洋务运动的不同观点，认识不同阶层、不同时代的人对洋务运动的评价。

┃文献选编▶

记陈启沅设机器厂缫丝

机器缫丝创于简村堡陈启沅，名曰"丝偈"，以其用机器也；又名"鬼纻"，以其交洋人也。丝比用手纻更细滑光洁，售价亦贵三之一。每间丝偈大者女工六七百位，小者亦二三百位。每日每工得丝三两、四两不等。肇于光绪壬申①之岁，期年而获重利，三四年间，南、顺两邑相继起者多至百数十家。独是洋庄丝获利，则操土丝者益少。辛巳岁（光绪七年，1881年），蚕茧歉收，土庄丝愈寡，至市上无丝可买，机工为之停歇，咸归咎于丝偈之网利，群起而攻之。织机工人素性浮动，一倡百和，

①按光绪年间无壬申岁，此处应作同治壬申，即同治十一年（1872年）。

纠合数千人毁拆丝偈。先毁学堂乡一间，次将及于简村，与陈启沅为难，幸得官兵弹压解散。由是各丝偈闭歇年余，始复旧业。计每丝偈以五百位为率，每年发出女工银约二万六七千元，远近胥蒙其利。复设小机器，每人一具，携归家自缫，缫出之丝无多寡，市上均有店收买之，其利更溥。

——翦伯赞、郑天挺主编：《中国通史参考资料·近代部分》（上册），中华书局1980年版，第383—384页

解 读

以上资料反映了继昌隆缫丝厂这家颇具代表性的早期民族资本主义企业创办和经营的情况。

西方资本主义的入侵，破坏了近代中国自然经济的基础，为中国资本主义生产的发展创造了某些客观的条件和可能。随着商品市场和劳动力市场的逐渐形成，一部分商人、地主和官僚对资本主义的生财之道非常羡慕，开始投资于近代工业，逐渐产生了中国的民族资本主义。民族资本主义一经产生，便显示出了极强的生命力和优越性，但在中国半殖民地半封建的社会环境中却要遭受外国资本主义和本国封建主义的双重压迫，从一开始就处于十分不利的地位，也制约了其长远的发展。

探 究

结合广东南海继昌隆缫丝厂的发展概况，分析鸦片战争后，近代民族资本主义企业发展的原因和影响。

第二讲

❦

民族危机加剧和救亡图存高潮

阶段特征

主张"中学为体，西学为用"的洋务运动并未能真正实现富国强兵，摆脱被西方列强侵略的危机。甲午中日战争的失败标志着洋务运动的破产，《马关条约》的签订，民族危机的加剧，促进了民族觉醒。先进的知识分子从时局出发，观察西方经验，更新思想理念。制度变革的思想潮流在清末兴起。以康有为、梁启超为代表的维新派发起"公车上书"，提倡变法改革；在"反洋教"斗争中兴起的义和团运动代表农民阶级的反帝爱国斗争。在革命思潮风起云涌之际，清王朝迫于内外压力，相继采取"清末新政"和"预备立宪"等政治措施，尝试在维护封建统治的前提下，进行自上而下的改良。但这些改良并未能挽救清王朝的危局，两千多年的封建帝制在革命浪潮中走向终结。

▌文献选编▶

马关新约（节选）

一八九五年四月十七日，光绪二十一年三月二十三日，明治二十八年四月十七日，马关。

大清帝国大皇帝陛下及大日本帝国大皇帝陛下为订定和约，俾两国及其臣民重修平和，共享幸福，且杜绝将来纷纭之端。大清帝国大皇帝陛下特简大清帝国钦差头等全权大臣太子太傅文华殿大学士北洋通商大臣直隶总督一等肃毅伯爵李鸿章，大清帝国钦差全权大臣二品顶戴前出使大臣李经方；大日本帝国大皇帝陛下特简大日本帝国全权办理大臣内阁总理大臣从二位勋一等伯爵伊藤博文，大日本帝国全权办理大臣外务大臣从二位勋一等子爵陆奥宗光；为全权大臣。彼此较阅所奉谕旨，认明均属妥善无阙，会同议定各条款，开列于左：

第一款　中国认明朝鲜国确为完全无缺之独立自主，故凡有亏损独立自主体制，即如该国向中国所修贡献典礼等，嗣后全行废绝。

第二款　中国将管理下开地方之权并将该地方所有堡垒、军器工厂及一切属公物件，永远让与日本：

一、下开划界以内之奉天省南边地方：从鸭绿江口溯该江以抵安平河口，又从该河口划至凤凰城、海城及营口而止，画成拆〔应为"折"，编者注〕线以南地方。所有前开各城市邑皆包括在划界线内。该线抵营口之辽河后，即顺流至海口止，彼此以河中心为分界。

辽东湾东岸及黄海北岸在奉天省所属诸岛屿，亦一并在所让境内。（割让辽东半岛）

二、台湾全岛及所有附属各岛屿。

三、澎湖列岛，即英国格林尼次东经百十九度起至百二十度止，及北纬二十三度起至二十四度之间诸岛屿。（割让台湾及所有附属各岛屿、澎湖列岛）

……

第四款　中国约将库平银贰万万两交与日本，作为赔偿军费；该款分作八次交完。第一次伍千万两，应在本约批准互换后六个月内交清，第二次伍千万两应在本约批准互换后十二个月内交清。余款平分六次递年交纳，其法列下：第一次平分递年之款，于两年内交清，第二次于三年内交清，第三次于四年内交清，第四次于五年内交清，第五次于六年内交清，第六次于七年内交清，其年分均以本约批准互换之后起算。又第一次赔款交清后，未经交完之款应按年加每百抽五之息。但无论何时，将应赔之款或全数、或几分，先期交清，均听中国之便。如从条约批准互换之日起，三年之内，能全数清还，除将已付利息或两年半、或不及两年半，于应付本银扣还外，余仍全数免息。（赔款两亿两白银及其利息）

……

第六款　中、日两国所有约章，因此次失和，自属废绝。中国约俟本约批准互换之后，速派全权大臣与日本所派全权大臣会同订立通商行船条约及陆路通商章程。其两国新订约章，应以中国与泰西各国现行约章为本。又本约批准互换之日起，新订约章未经实行之前，所有日本政府官吏、臣民及商业工艺、行船船只、陆路通商等，与中国最为优待之国，礼遇护视，一律无异。中国约将下开让与各款，从两国全权大臣画押盖印日起，六个月后，方可照办：（片面最惠国待遇）

第一、现今中国已开通商口岸之外，应准添设下开各处，立为通商口岸，以便日本臣民往来侨寓，从事商业、工艺、制作。所有添设口岸均照向开通商海口或向开内地镇市章程一体办理，应得优例及利益等亦当一律享受：

一、湖北省荆州府沙市。

二、四川省重庆府。

三、江苏省苏州府。

四、浙江省杭州府。

日本政府得派遣领事官于前开各口驻扎。（开放沙市、重庆、苏州、杭州为商埠）

……

第四、日本臣民得在中国通商口岸城邑，任便从事各项工艺制造，又得将各项机器任便装运进口，只交所订进口税。（允许日本在通商口岸开设工厂）

日本臣民在中国制造一切货物，其于内地运送税、内地税、钞课、杂派，以及在中国内地沾及寄存栈房之益，即照日本臣民运入中国之货物一体办理，至应享优例豁

除，亦莫不相同。（产品运销内地免受内地税）

……

第十一款　本约奉大清帝国大皇帝陛下及大日本帝国大皇帝陛下批准之后，定于光绪二十一年四月十四日，即明治二十八年五月初八日，在烟台互换。

为此两国全权大臣署名盖印，以昭信守。

……

光绪二十一年三月二十三日

明治二十八年四月十七日

订于下之关，缮写两分

——王铁崖编：《中外旧约章汇编》（第一册），生活·读书·新知三联书店1957年版，第614—617页

解读

《马关条约》原名《马关新约》，是日本通过甲午中日战争，胁迫清政府订立的严重不平等条约，1895年，清政府议和全权大臣李鸿章及其子李经方，与日本首相伊藤博文和外相陆奥宗光在日本马关（即下关）签订。共十一款，附有《另约》《议订专条》。主要内容：一、清政府承认朝鲜独立；二、清政府割让辽东半岛、台湾全岛及所有附属各岛屿、澎湖列岛给日本；三、赔偿日本军费两亿两；四、开放沙市（今湖北荆州）、重庆、苏州、杭州为商埠；五、日本臣民得在通商口岸设立工厂，产品免收内地税。该条约适应了列强对中国输出资本的需要，加深了中国的半殖民地化和民族危机。

辽东半岛虽然因为俄、法、德三国的干涉没有被日本实际割去，但清政府要向日本加付三千万两白银的"赎辽费"。该区域和整个中国东北地区从此成为俄、日争夺的主要地带。

探究

理解《马关条约》对中国的影响，思考为什么说"甲午中日战争的失败，促成了

自鸦片战争以来前所未有的民族群体的觉醒"。

文献选编 ▶

《盛世危言》自序（节选）

六十年来，万国通商，中外汲汲，然言维新，言守旧，言洋务，言海防，或是古而非今，或逐末而忘本。求其洞见本原，深明大略者有几人哉？孙子曰："知己知彼，百战百胜。"① 此言虽小，可以喻大。应虽不敏，幼猎书史，长业贸迁。愤彼族之要求，惜中朝之失策。于是学西文，涉重洋，日与彼都人士交接，察其习尚，访其政教，考其风俗利病得失盛衰之由。乃知其治乱之源，富强之本，不尽在船坚炮利，而在议院上下同心，教养得法。兴学校，广书院，重技艺，别考课，使人尽其才。讲农学，利水道，化瘠土为良田，使地尽其利。造铁路，设电线，薄税敛，保商务，使物畅其流。凡司其事者，必素精其事：为文官者必出自仕学院；为武官者必出自武学堂。有升迁而无更调，各擅所长，名副其实。与我国取士之法不同。善夫张靖达公云："西人立国具有本末，虽礼乐教化远逊中华，然其驯致富强亦具有体用。育才于学堂，论政于议院，君民一体，上下同心，务实而戒虚，谋定而后动，此其体也。轮船火炮，洋枪水雷，铁路电线，此其用也。中国遗其体而求其用，无论竭蹶步趋，常

① 《孙子》卷三原文为"知己知彼，百战不殆"。

25

不相及。就令铁舰成行，铁路四达，果足恃欤！"

然我国深仁厚泽，初定制度尽善尽美，不知今日海禁大开，势同列国，风气一变，以至于此。《易》曰："先天而天弗违，后天而奉天时。""知进退存亡而不失其正者，其惟圣人乎？"年来当道讲求洋务，亦尝造枪炮，设电线，建铁路，开矿、织布以起而应之矣。惟所用机器，所聘工师，皆来自外洋。上下因循，不知通变。德相卑士麦谓我国只知选购船炮，不重艺学，不兴商务，尚未知富强之本，非虚言也。……
……

蒙向与中外达人哲士游，每于耳酣酒热之余，侧闻绪论，多关安危大计，且时阅中外日报所论安内攘外之道，有触于怀，随笔札记。历年既久，积若干篇，犹虑择焉不精，语焉未详，待质高明以定去取。而朋好见辄持去，狠付报馆及《中西闻见录》中。曾将全作邮寄香港就正王紫诠广文，不料竟为付梓。旋闻朝鲜、日本亦经重刊。窃惧丑不自匿，僭且招尤，复情沈谷人太史、谢绥之直刺，将原稿三十六篇删并二十篇，仍其名曰《易言》，改杞忧生为慕雍山人，意期再见雍熙之世。迄今十有九年，时势又变：屏藩尽撤，强邻日逼，西藏、朝鲜危同累卵。而我国工艺之精，商务之盛，瞠乎后于日本，感激时事，耿耿不能下脐。自顾年老才庸，粗知易理，亦急拟独善潜修，韬光养晦，爰检旧箧，将先后所论洋务五十五篇……付诸手民，定名曰《盛世危言》。

自知愤激之词，不免狂戆僭越之罪。且管窥蠡测，亦难免举长略短，蹈舍己芸人之讥。惟圣明在上，广开言路，登贤进良，直言无隐。窃愿比诸敢谏之木，进善之旌，俾人人洞达外情，事事讲求利病。如蒙当世巨公，曲谅杞人忧天之愚，正其偏弊，因时而善用之，行暏积习渐去，风化大开，华夏有磬〔应为"磐"，编者注〕石之安，国祚衍无疆之庆，安见空言者不可见诸行事，而牛溲马勃，毋亦医国者所畜为良药也欤！

光绪十八年岁次壬辰暮春之初，罗浮山人香山郑观应自序于五羊城居易山房。

——郑观应著，夏东元编：《郑观应集》，上海人民出版社1982年版，第233—236页

▣解读▣

郑观应是近代著名思想家、实业家、教育家。郑观应十六岁应童子试未中，弃学从商，取得巨大的成功。郑观应经历清末列强对中国的入侵，萌生改良思想，在对时局的观察中不断更新认识，写成《盛世危言》。《盛世危言》一书提出了一个全面系统地学习西方社会的纲领。书中对中国落后于西方的很多方面直言不讳，并有针对性地提出了在政治、经济、教育、舆论、司法等多个方面改造中国社会的方案。

在《盛世危言》中，经济方面的"商战"论是郑观应经济思想的核心，也是他的首创，郑观应将帝国主义对中国的侵略手段分为两种：一种是军事侵略，即"兵战"；一种是经济侵略，即"商战"。其中，商战比兵战更加隐蔽，危害更大，所以在反抗敌国侵略时，应将商战放在比兵战更优先的位置，这就要求中国人破除中国几千年以来的重农抑商的陈旧观念。

《盛世危言》出版之际，甲午中日战争即将爆发，国内民族危机不断加剧，书中提出的"富强救国"的主张立即在社会上引发了巨大的反响，清朝末年的维新派的代表人物康有为、梁启超和革命派的代表人物孙中山等，都深受这部著作的影响。书中提出的改良观念与商战理论，对中国近代思想史和商业发展也产生了非常深远的影响。

▣探究▣

结合文献材料，了解并评价郑观应的思想主张。

▌文献选编▶

公车上书（节选）

康有为等

光绪二十一年四月初八日（1895年5月2日）

具呈举人康祖诒等，为安危大计，乞下明诏，行大赏罚，迁都练兵，变通新法，以塞和款而拒外夷，保疆土而延国命，呈请代奏事：

窃闻与日本议和，有割奉天沿边及台湾一省，补兵饷二万万两及通商苏、杭，听机器洋货流行内地，免其厘税等款，此外尚有缴械、献俘、迁民之说。阅《上海新报》，天下震动，闻举国廷净，都人惶骇。又闻台湾臣民不敢奉诏，思戴本朝。人心之固，斯诚列祖列宗及我皇上深仁厚泽，涵濡煦覆，数百年而得此。然伏下风数日，换约期迫矣，犹未闻明诏赫然峻拒日夷之求，严正议臣之罪。甘忍大辱，委弃其民，以列圣艰难缔构而得之，一旦从容误听而弃之，如列祖列宗何？如天下臣民何？然推皇上孝治天下之心，岂忍上负宗庙，下弃其民哉！（对于清廷与日本签订《马关条约》的强烈不满）……

窃以为……割地之事小，亡国之事大，社稷安危，在此一举。举人等栋折榱坏，同受倾压，故不避斧钺之诛，犯冒越之罪，统筹大局，为我皇上陈之。

……

然凡上所陈，皆权宜应敌之谋，非立国自强之策也。伏念国朝法度，因沿明制数百年矣。物久则废，器久则坏，法久则弊。官制则冗散万①数，甚且鬻及监司，教之无本，选之无择，故营私交贿，欺饰成风，而少忠信之吏。学校则教及词章诗字，寡能讲求圣道，用非所学，学非所用，故空疏愚陋，谬种相传，而少才智之人。兵则绿营老弱，而募勇皆乌合之徒。农则地利未开，而工商无制造之业。其他凡百积弊，难以遍举。而外国奇技淫巧，流行内地，民日穷匮，乞丐遍地，群盗满山，即无外衅，精华已竭，将有他变。方今当数十国之觊觎，值四千年之变局，盛

---

① 万，当作漫。

暑已至而不释重裘，病症已变而犹用旧方，未有不暍死而重危者也。（陈述清王朝弊病）

窃以为今之为治，当以开创之势治天下，不当以守成之势治天下，当以列国并立之势治天下，不当以一统垂裳之势治天下。盖开创则更新百度，守成则率由旧章，列国并立则争雄角智，一统垂裳则拱手无为。言率由而外变相迫，必至不守不成，言无为而诸国交争，必至四分五裂。《易》曰："穷则变，变则通。"董仲舒曰："为政不调，甚者更张，乃可为理。"……与其以二万万偿日本，何如以二万万外修战备、内变法度哉？

……

夫才智之民多则国强，才智之士少则国弱。土耳其天下陆师第一而见削，印度崇道无为而见亡，此其明效也。故今日之教，宜先开其智。……今宜改武科为艺科，令各省州县遍开艺学书院，凡天文、地矿、医律、光重、化电、机器、武备、驾驶，分立学堂，而测量、图绘、语言、文字皆学之。选学童十五岁以上入堂学习，仍专一经，以为根本；延师教习，各有专门。……

……

夫教养之事，皆由国政。而今官制太冗，俸禄太薄……今请首停捐纳，乃改官制，用汉世太守领令长之制，唐代节度兼观察之条（改革官制）……

内弊既除，则外交宜讲。……今宜立使才馆，选举贡生监之明敏辨才者，入馆学习。其翰林部曹愿入者听。各国语言文字、政教律法、风俗约章，皆令学习。学成或为游历，或充随员，出为领事，擢为公使，庶几通晓外务，可以折冲。……宜选令游历三年，讲求诸学，归能著书，始授政事。其余分遣品官，激厉士庶，出洋学习，或资游历，并给凭照，能著新书，皆为优奖，归授教习，庶开新学。则上之可以赞圣聪，下之可以开风气矣。

……

自古非常之事，必待大有为之君。自强为天行之健，志刚为大君之德。……伏惟皇上英明天亶，下武膺运，历鉴覆辙，独奋乾纲，勿摇于左右之言，勿惑于流俗之说，破除旧习，更新大政，宗庙幸甚！天下幸甚！夫无事之时，虽勋旧之言不能入，有事之世，虽匹夫之言或可采。举人等草茅疏逖，何敢妄陈大计，自取罪戾；但同处一家，深虞胥溺，譬犹父有重病，庶孽知医，虽不得汤药亲尝，亦欲将验方钞进。

29

《公羊》之义，臣子一例，用敢竭尽其愚，惟皇上采择焉，不胜冒昧陨越之至。伏惟代奏皇上圣鉴。谨呈。

——翦伯赞、郑天挺主编：《中国通史参考资料·近代部分》（下册），中华书局1980年版，第29—52页

▢解读▢

《马关条约》签订的消息传出，举国震惊，各界纷纷抗议。当时正在北京参加会试的举人们，在康有为、梁启超等人的联络和组织下，为反对签订《马关条约》，呼吁挽救危局，联名上书，这成为维新运动正式开场的标志。康有为起草《万言书》，先陈权宜应兵之谋：拒签和约，迁都陕西，选拔新将编练新兵；再述富国养民之法：发行统一钱币，修筑铁路，鼓励机器轮船生产，开采矿产资源，兴办邮政业；最后谈制度改革：教育改革，官制改革，行现代外交。《万言书》内容广泛而全面，一千三百多人在这封万言书上签名。"公车上书"是近代中国知识分子的第一次群众性爱国行动，推动了维新变法思潮逐渐转变为一场爱国救亡的政治运动。

▢探究▢

了解维新变法相关史实，思考"公车上书"这一举动的社会影响。

┃文献选编┃▶

进呈学堂章程折（节选）

光绪二十八年七月十二日

　　臣张百熙跪奏：为遵拟学堂章程恭折仰祈圣鉴事。……

　　臣谨案：古今中外，学术不同，其所以致用之途则一。值智力并争之世，为富强致治之规，朝廷以更新之故而求之人才，以求才之故而本之学校，则不能不节取欧美日本诸邦之成法，以佐我中国二千余年旧制，固时势使然；第考其现行制度，亦颇与我中国古昔盛时良法，大概相同。《礼记》载："家有塾，党有庠，术有序，国有学。"试比之各国，则国学即所谓大学也，家塾、党庠、术序，即所谓蒙学、小学、中学也，其等级盖颇分明。《记》又曰："比年入学，中年考校，一年视离经辨志，三年视敬业乐群，五年视博习亲师，七年论学取友，谓之小成；九年知类通达，强立而不反，谓之大成。"其一年、三年、五年、七年、九年之节，即所谓大学、中学、小学、蒙学之卒业期限也。即科目则唐有律学、算学、书学诸门。宋因唐制，而益以画学、医学，虽未及详备，亦与所谓法律、算学、习字、图画、医术各学科不甚相殊。自司马光有分科取士之说，朱子《学校贡举私议》，于诸经、子、史及时务皆分科限年，以齐其业。外国学堂有所谓分科、选科者，视之最重，意亦正同。大抵中国自周以前，选举学校合为一，自汉以后，专重选举，及隋设进士科以来，士皆殚精神于诗赋、策论，所谓学校者，名存而已。故今日而议振兴教育，必以真能复学校之旧为第一要图。虽中外政教风气原本不同，然其条目秩序之至赜而不可乱者，固不必尽泥其迹，亦不能不兼取其长，以期变通而尽利。（阐述中外学制类似之处，提倡学习西方学校制度）

　　臣此次所拟章程，谨上溯古制，参考列邦，拟定《京师大学堂章程》并《考选入学章程》……又蒙养学堂为小学堂始基，前奉谕旨令各省举办，谨再拟《蒙学堂章程》一份，共六件一并开呈御览，恭候钦令颁行。（拟定从蒙学到高等学堂学校制度

章程）

抑臣更有请者，天下之事，人与法相维，用法者人，而范人者法。今学堂图始之时，关系于学术人才者其大；法之既立，非循名责实则积习所狃，既不能返之一朝，而粉饰相因，且滋无穷之弊。臣拟请钦定章程颁行之后，即乞饬下各省督抚责成地方官核实兴办。凡名是实非之学堂，及庸滥充数之教习，一律整顿从严以无负朝廷兴学育才之盛心；而学校选举，亦渐能合辙同途，以仰几三代盛时之良轨。至朝廷立法，不厌求详，各本章程试办数年之后，倘不无窒碍，或须更造精深之处，应请随时增改，奏明办理。所有遵拟学堂章程缘由，理合缮折具陈，伏乞皇太后、皇上明鉴训示，谨奏。（强调学校制度改革不应浮于形式，要从严执行，真正达到振兴教育的目的）

（辑自《钦定学堂章程》，清光绪刻本）

——张百熙撰，谭承耕、李龙如校点：《张百熙集》，岳麓书社2008年版，第26—27页

解读

1901—1905年，清政府颁布一系列诏令，逐步推行各项新政，内容包括行政、经济、军事、教育等方面，教育改革是清末新政的重要组成部分。1902年1月清政府任命张百熙为管学大臣，"并著裁定章程具奏"，使其上呈具体的学制改革方案。同年8月15日张百熙进呈学堂章程折，这是确立中国近代新式学校系统的重要文件，其中包括《京师大学堂章程》等六件。8月清廷颁布《钦定学堂章程》，又称"壬寅学制"。

"壬寅学制"是中国近代教育史上第一个系统的学校教育制度，包括从小学堂到大学堂的各级学堂章程，将整个学校教育的纵向系统分为三段七级。第一阶段为初等教育：分蒙学堂、寻常小学堂、高等小学堂三级。第二阶段为中等教育：分中学堂一级。第三阶段为高等教育：分高等学堂或大学预科、大学堂、大学院（研究生院）三级。"壬寅学制"规定分科大学共设七科三十五目，并对办学纲领、课程设置、学生入学、毕业生分别赋予相应的科举出身以及教师聘用等作出明文规定。

但"壬寅学制"并未付诸实施。1904年，清政府颁布张之洞、张百熙等制定的《奏定学堂章程》，即"癸卯学制"，新式学堂体系才逐步建立。

清末新政的启动，促进了中国资本主义的发展，也推动了改革思想和改革实践的进一步深入。

探究

了解清末新政改革措施，思考清末新政的历史意义。

文献选编▶

钦定宪法大纲

（光绪三十四年八月初一日颁发）

君上大权：

大清皇帝统治大清帝国万世一系，永世尊戴。

君上神圣尊严，不可侵犯。

钦定颁行法律及发交议案之权。（凡法律虽经议院议决而未奉诏令批准颁布者，不得见诸施行）。

召集，开闭，停展，及解散议院之权。（解散之时，即令国民重行选举新议员，其被解散之旧议员即与齐民无异；倘有抗违，量其情节以相当之法律处治。）

设官制禄及黜陟百司之权。（用人之权操之君上，而大臣辅弼之，议院不得干涉。）

统率陆海军及编定军制之权。（君上调遣全国军队，制定常备兵额，得以全权执行；凡一切军事皆非议院所得干予。）

宣战、媾和，订立条约及派遣使臣与认受使臣之权。（国交之事由君上视裁，不付议院议决。）

宣告戒严之权，当紧急时，得以诏令限制臣民之自由。

爵赏及恩赦之权。（恩出自上，非臣下所得擅专。）

总揽司法权，委任审判衙门，遵钦定法律行之，不以诏令随时更改。（司法之权操之君上，审判官本由君上委任，代行司法；不以诏令随时更改者，案件关系至重，故必以已经钦定法律为准，免涉纷歧。）

发命令及使发命令之权，惟已定之法律，非交议院协赞，奏经钦定时，不以命令更改废止。（法律为君上实行司法权之用，命令为君上实行行政权之用，两权分立，故不以命令改废法律。）

在议院闭会时，遇有紧急之事，得发代法律之诏令，并得以诏令筹措必须之财用；惟至次年会期，须交议会协议。

皇室经费应由君上制定常额，自国库提支，议院不得置议。

皇室大典，应由君上督率皇族及特派大臣议定，议院不得干涉。

附　臣民权利义务（其细目当于宪法起草时酌定）

臣民中有合于法律命令所定资格者得为文武官吏及议员。

臣民于法律范围以内，所有言论，著作，出版，及集会结社等事，均准其自由。

臣民非按照法律所定，不加以逮捕、监禁、处罚。

臣民可以请法官审判其呈诉之案件。

臣民应专受法律所定审判衙门之审判。

臣民之财产及居住，无故不加侵扰。

臣民按照法律所定，有纳税当兵之义务。

臣民现完之赋税，非经新定法律更改，悉仍照旧输纳。

臣民有遵守国家法律之义务。

——张晋藩：《中国宪法史》，吉林人民出版社2004年版，第401—402页

解读

清末预备立宪是清政府在内忧外患、革命浪潮接连不断的局势下，发起的自上而下的政治措施。1905年清廷派出五大臣考察团出使西方各国，考察立宪政体，考察团回国之后正式提出立宪方案。1906年慈禧太后下诏"预备仿行宪政"，同时改革官制。1908年《钦定宪法大纲》颁布。《钦定宪法大纲》共计二十三条，由"君上大权"和"臣民权利义务"两部分组成，这个"大纲"的实质内容是维护君主权力，规定君主有决策权、官员任免权、控制议院权、军事权……而赋予臣民的权利却极为有限，"议院"更是徒有其名。但它在中国法律史上第一次明确规定了臣民的权利和义务，这对于开启民智、培养近代法律意识具有一定的意义。

探究

了解清末立宪相关史实，认识清末立宪派的主张和行动。

第三讲

❦

辛亥革命与中华民国建立

阶段特征

1901年《辛丑条约》签订后，帝国主义加强了对中国的政治控制和经济掠夺，清政府则沦为列强统治中国的工具，中国的民族危机更加严重。在这种形势下，一场反清民主革命开始酝酿。1911年10月，辛亥革命爆发，推翻了清王朝的统治，结束了中国两千多年的君主专制制度，建立了中华民国。

民国初年，政局变动频繁，先后发生"二次革命"、洪宪帝制、护国运动、府院之争、张勋复辟和护法战争等重大历史事件。而隐藏于这些政治斗争背后的深层历史动向，乃是各种社会政治势力的消长兴衰，它反映了20世纪初叶中国社会的深刻变化。辛亥革命后，"民主共和"和"实业救国"以及民主科学等思潮兴起，新文化运动动摇了封建思想的统治地位，后期马克思主义传入，推动了中国民主革命的发展。

｜文献选编▶

代鄂督条陈立国自强疏（节选）

清光绪二十一年闰五月二十七日（1895.7.19）

一曰宜速讲商务也。

自中外通商以来，论者或言通商便，或言通不便，此皆一偏之论也。大约土货出口者多，又能运货之外洋销售，不受外洋挟持，则通商之国愈多而愈富；土货出口者少，又不能自运出洋，坐待外人收买操纵，则通愈久而贫者。日本与西人通商，专讲精造土货、自运外洋两端。商本亏累，则官助之，不以赔折而阻。今该国商利岁入至八千余万元，其取于美利坚者约四千万元。商务胜利，交涉得手，国势自振，其明效若此。（主张通商，摆脱洋人挟持）

……

一曰宜讲求工政也。

世人皆言外洋以商务立国，此皮毛之论也，不知外洋富民强国之本实在于工。讲格致，通化学，用机器，精制造，化粗为精，化少为多，化贱为贵，而后商贾有懋迁之资，有倍蓰之利。《周官·考工记》以百工列六职之一。舜命九官，责以时亮天工之事，而共工之官居其一。孔子论为天下之九经，以来百工为足财之本。可见唐虞三代之圣人，其开物前民，未有不加意于此者。后世迂儒俗吏，视为末务贱业，不复深求，于是外工技巧，遂驾中华而上。（主张实业救国，发展工商业，改变政策）

……

查海关贸易册中每年出口易销之土货，加工精造之，扩充之，以广其销；进口多销之洋货，则加工创仿之，以敌其入，如开煤、炼铁、制器、缫丝、种棉、种茶、种蔗、造糖、磨面、造瓷器、织呢羽、造绸、洋针、洋钉、洋酒、洋火柴等事，或广土货之销，或敌洋货之入。责成各省督抚招商设局，各就本地土宜销路筹办，总以每省必办成数件为主，即以此为各省督抚、藩司之殿最，并分遣多员，率领工匠赴西洋各大厂学习。一切种植、制器、纺织、炼冶、造船、造炮、修路、开矿、化学等事，皆肄习之，回华日即充办理工政之官。委员以求其法通其精者，工匠以习其艺得其粗者。（倡导国货，学习洋人技艺）

中国人数之多，甲于五洲，但能于工艺一端，蒸蒸日上，何至有忧贫之事哉！此则养民之大经，富国之妙术。不仅为御侮计，而御侮自在其中矣。

……

再，外国铁路要义，利商与利兵两大端并重。卢〈溪〉〔汉〕干路，兵商兼利，此为中国铁路大纲。此外尚有一路可以兴办。查由上海造铁路，以通苏州而至江宁，旁通杭州。此路最有利于商：货物蓄，行旅多，道路平，大河少，道路近，成功易，获利速。又可杜外国行小轮之害，于江南富民筹饷之道均有益，借款亦不难。且去年办防以来，苏杭精华，力筹保卫。然各处距海皆不甚远，内河纡迟，实难得无数重兵军械，分防援应。若铁路既通，江宁、苏、杭联为一气，外远内近，可以随方策应，省兵省饷，是于兵亦有大益。洋商劝开此路，营谋代造者甚多，其利源可知。朝廷如有意兴办，拟派员带洋人测勘，酌议筹款法，再奏明请旨办理。伏候圣裁训示遵行。（主张修建铁路，推动经济社会发展）

——李明勋、尤世玮主编：《张謇全集》，上海辞书出版社2012年版，第15—25页

▌解读▐

张謇，江苏南通人，清末状元，近代著名实业家。1895年甲午中日战争后，他受到丧权辱国的割地赔款的刺激，于当年夏天，代湖广总督张之洞撰写了《代鄂督条陈立国自强疏》，痛陈实业救国的主张，强调工业化是西方富民强国之根本。

民族危机是近代民族资产阶级"实业救国论"主张产生的根源。实业泛指农、工、商业，重点则在近代工业。张謇在《代鄂督条陈立国自强疏》中，通过对西方先进国为何强盛，中国为何贫弱的问题的探讨，分析洋务派"以兵强国""以商求富"失败的原因，提出宜练陆军、亟治海军、各省宜分设枪炮厂、广开学堂、速讲商务、讲求工政、多派游历人员、预备巡幸之所等八条建议。

探究

理解晚清"实业救国论"主张产生的背景，认识当时爱国志士的救国主张。

文献选编 ▶

驳康有为论革命书（节选）

……长素以为革命之惨，流血成河，死人如麻，而其事卒不可就。然则立宪可不以兵刃得之耶？既知英、奥、德、意诸国，数经民变，始得自由议政之权。民变者，其徒以口舌变乎？抑将以长戟劲弩，飞丸发镝变也？近观日本，立宪之始，虽徒以口舌成之，而攘夷覆幕之师在其前矣。使前日无此血战，则后之立宪亦不能成。故知流血成河，死人如麻，为立宪所无可幸免者。长素亦知其无可幸免，于是迁就其说以自文，谓以君权变法，则欧、美之政术器艺，可数年而尽举之。夫如是，则固君权专制也，非立宪也。阖普通武之请立宪，天下尽笑其愚，岂有立宪而可上书奏请者？立宪可请，则革命亦可请乎？以一人之诏旨立宪，宪其所宪，非大地万国所谓宪也！

（论述英、德、日等国革命流血的历史）……长素以为中国今日之人心，公理未明，旧俗俱在，革命以后，必将日寻干戈，偷生不暇，何能变法救民，整顿内治？夫公理未明，旧俗俱在之民，不可革命，而独可立宪，此又何也？岂有立宪之世，一人独圣于上，而天下皆生番野蛮者哉？虽然，以此讥长素，则为反唇相稽，校轸无已。吾曰不可立宪，长素犹曰不可革命也。则应之曰："人心之智慧，自竞争而后发生，今日之民智，不必恃他事以开之，而但恃革命以开之。"（强调革命、竞争开启民智，反对君主立宪）且勿举华、拿二圣，而举明末之李自成。李自成者，迫于饥寒，揭竿而起，固无革命观念，尚非今日广西会党之侪也。然自声势稍增，而革命之念起；革命之念起；而剿兵救民、赈饥济困之事兴。岂李自成生而有是志哉？竞争既久，知此事之不可已也。虽然，在李自成之世，则赈饥济困为不可已，在今之世，则合众共和为不可已。是故以赈饥济困结人心者，事成之后，或为枭雄；以合众共和结人心者，事成之后，必为民主。民主之兴，实由时势迫之，而亦由竞争以生此智慧者也。（以华盛顿、拿破仑和李自成为例说明民主是时代的必然要求）征之今日，义和团初起时，惟言扶清灭洋，而景廷宾之师，则知埽清灭洋矣。今日广西会党，则知不必开衅于西人，而先以扑灭满洲、剿除官吏为能事矣。唐才常初起时，深信英人，密约漏情，乃卒为其所卖。今日广西会党，则知己为主体，而西人为客体矣。人心进化，孟晋不已。以名号言，以方略言，经一竞争，必有胜于前者。今之广西会党，其成败虽不可知，要之，继此而起者，必视广西会党为尤胜，可豫言也。然则公理之未明，即以革命明之；旧俗之俱在，即以革命去之。革命非天雄、大黄之猛剂，而实补泻兼备之良药矣！（针对康有为观点，再次阐明革命能明公理、去旧俗）……若长素能跃然祗悔，奋厉朝气，内量资望，外审时势，以长素魁垒耆硕之誉闻于禹域，而弟子亦多言革命者，少一转移，不失为素王玄圣。后王有作，宣昭国光，则长素之像，屹立于星雾；长素之书，尊藏于石室；长素之迹，葆覆于金塔；长素之器，配崇于铜柱；抑亦可以尉荐矣。借曰死权之念，过于殉名，少安无躁，以待新皇，虽长素已槁项黄馘，卓茂之尊荣，许靖之优养，犹可无操左契而获之。以视名实俱丧，为天下笑者，何如哉！（最后，希望康有为能转而支持革命，不要沦为天下笑柄）书此，敬问起居不具。章炳麟白。

——上海人民出版社编，徐复点校：《章太炎全集·太炎文录初编》，上海人民出版社2014年版，第182—189页

解读

章炳麟（1869—1936），号太炎，浙江余杭人，中国民主革命家、思想家、学者。1902年春，康有为接到保皇会在南北美洲华商的书信，对其中的革命思想非常惊恐。面对保皇会内部出现的革命倾向，他撰写了《答南北美洲诸华商论中国只可行立宪不可行革命书》的公开信，力图论证中国绝对不可能实现民主共和，绝对不可以放弃对光绪皇帝的希望，强烈反对用革命手段推翻清朝统治的做法，并罗列了中国不能进行革命的四个理由：一曰革命残酷，二曰国情特殊，三曰革命必然招致外国干涉，四曰皇帝圣仁。

章太炎看到此文后，于1903年写了《驳康有为论革命书》，对康有为的保皇谬论进行了无情驳斥，鲜明地指出了只有革命，才是救国救民的良药。这在当时对抨击保皇派反动观点、澄清人们的思想、坚定革命意志具有十分重要的意义。

章太炎先生是一个了不起的革命家，其在革命中展现的独立人格令人钦佩。

探究

结合邹容《革命军》、陈天华《猛回头》和《警世钟》、章炳麟《驳康有为论革命书》等内容，理解革命思想的广泛传播，讨论革命与改革各自的优势和缺陷。

文献选编 ▶

民族的　国民的　社会的国家（节选）
——在东京《民报》创刊周年庆祝大会的演说

（一九〇六年十二月二日）

诸君：

……

至于民权主义，就是政治革命的根本。将来民族革命实行以后，现在的恶劣政治固然可以一扫而尽，却是还有那恶劣政治的根本，不可不去。中国数千年来都是君主专制政体，这种政体，不是平等自由的国民所堪受的。要去这政体，不是专靠民族革命可以成功。试想明太祖驱除蒙古，恢复中国，民族革命已经做成，他的政治〔应为"治"，编者注〕却不过依然同汉、唐、宋相近。故此三百年后，复被外人侵入，这由政体不好的原故，不做政治革命是万万不行的。研究政治革命的工夫，煞费经营。（民权主义内涵，建立民主共和国）至于着手的时候，却是同民族革命并行。我们推倒满洲政府，从驱除满人那一面说是民族革命，从颠覆君主政体那一面说是政治革命，并不是把来分作两次去做。讲到那政治革命的结果，是建立民主立宪政体，照现在这样的政治论起来，就算汉人为君主，也不能不革命。……

……

说到民生主义，因这里头千条万绪，成为一种科学，不是十分研究不得清楚。并且社会问题隐患在将来，不象民族、民权两问题是燃眉之急，所以少人去理会他。虽然如此，人的眼光要看得远。凡是大灾大祸没有发生的时候，要防止他是容易的；到了发生之后，要扑灭他却是极难。社会问题在欧美是积重难返，在中国却还在幼稚时代，但是将来总会发生的。到那时候收给〔应为"拾"，编者注〕不来，又要弄成大革命了。革命的事情是万不得已才用，不可频频伤国民的元气。我们实行民族革命、政治革命的时候，须同时想法子改良社会经济组织，防止后来的社会革命，这真是最大的责任。

　　……然而试看各国的现象，与刚才所说正是反比例。统计上，英国财富多于前代不止数千倍，人民的贫穷甚于前代也不止数千倍，并且富者极少，贫者极多。这是人力不能与资本力相抗的缘故，古代农工诸业都是靠人力去做成，现时天然力发达，人力万万不能追及，因此农工诸业都在资本家手里。资本越大，利用天然力越厚，贫民怎能同他相争，自然弄到无立足地了。社会党所以倡民生主义，就是因贫富不均，想要设法挽救；这种人日兴月盛，遂变为一种很繁博的科学。其中流派极多，有主张废资本家归诸国有的，有主张均分于贫民的，有主张归诸公有的，议论纷纷。凡有识见的人，皆知道社会革命，欧美是决不能免的。（欧美贫富不均，提出社会革命的必要性）

　　……

　　闻得有人说，民生主义是要杀四万万人之半，夺富人之田为己有；这是他未知其中道理，随口说去，那不必去管他。解决的法子，社会学者所见不一，兄弟所最信的是定地价的法。比方地主有地价值一千元，可定价为一千，或多至二千；就算那地将来因交通发达价涨至一万，地主应得二千，已属有益无损；赢利八千，当归国家。这于国计民生，皆有大益。……

　　总之，我们革命的目的是为众生谋幸福，因不愿少数满洲人专利，故要民族革命；不愿君主一人专利，故要政治革命；不愿少数富人专利，故要社会革命。这三样有一样做不到，也不是我们的本意。达了这三样目的之后，我们中国当成为至完美的国家。

　　……兄弟的意思，将来中华民国的宪法是要创一种新主义，叫做"五权分立"。

　　那五权除刚才所说三权之外，尚有两权。一是考选权。平等自由原是国民的权利，但官吏却是国民公仆。美国官吏有由选举得来的，有由委任得来的。从前本无考试的制度，所以无论是选举、是委任，皆有很大的流弊。……

　　一为纠察权，专管监督弹劾的事。这机关是无论何国皆必有的，其理为人所易晓。但是中华民国宪法，这机关定要独立。……

　　合上四权，共成为五权分立。这不但是各国制度上所未有，便是学说上也不多见，可谓破天荒的政体。兄弟如今发明这基础，至于那详细的条理、完全的结构，要望大众同志尽力研究，匡所不逮，以成将来中华民国的宪法。这便是民族的国家、国民的国家、社会的国家皆得完全无缺的治理，这是我汉族四万万人最大的幸福了。想诸君必肯担任，共成此举，是兄弟所最希望的。

　　　　　　　　——孟庆鹏编：《孙中山文集》，团结出版社2016年版，第3—9页

解读

《民族的　国民的　社会的国家》一文，又名《三民主义与中国前途》，是孙中山1906年12月2日在东京举行的《民报》创刊周年庆祝大会上发表的演说，这是继1905年10月《民报》发刊词系统提出三民主义思想之后，孙中山对三民主义思想作的阐释，是研究孙中山三民主义思想的重要参考资料。

孙中山的三民主义首先划清了民族主义和单纯"反满"思想的界限，反映了中国社会历史发展趋势，代表了民族资产阶级打破帝国主义和封建主义枷锁的要求。孙中山的民权主义不但划清了资产阶级民主主义同资产阶级改良主义的界限，而且在一定程度上批判了西方的政治制度，表现了对人民民主权利的关怀。他的民生主义反映了中国民族资产阶级发展资本主义的强烈愿望，看到了土地问题与民主主义革命的重大关系，触及了西方社会制度弊端的根源是劳资间的矛盾。当然，三民主义思想还是有着时代和阶级的局限性。

探究

全面认识辛亥革命的指导思想"三民主义"。

|文献选编▶

清帝退位诏书

宣统三年十二月二十五日，谕内阁：

钦奉隆裕太后懿旨，前因民军起事，各省响应，九夏沸腾，生灵涂炭，特命袁世凯，遣员与民军代表讨论大局，议开国会，公决政体。两月以来，尚无确当办法，南北暌隔，彼此相持，商辍于途，士露于野，徒以国体一日不决，故民生一日不安。今全国人民心理，多倾向于共和，南方各省，既倡议于前，北方诸将亦主张于后。人心所向，天命可知。予亦何忍因一姓之尊荣，拂兆民之好恶？是用外观大势，内审舆情，特率皇帝将统治权公诸全国，定为立宪共和国体。近慰海内厌乱望治之心，远协古圣天下为公之义。袁世凯前经资政院选为总理大臣，当兹新旧代谢之际，宜有南北统一之方。即由袁世凯，以全权组织临时共和政府，与民军协商统一办法，总期人民安堵，海宇乂安，仍合满蒙回汉藏五族完全领土为一大中华民国。予与皇帝得以退处宽闲，优游岁月，长受国民之优礼，亲见郅治之告成，岂不懿欤！（清帝退位，实行共和乃时代趋势）

——伍贻业、李昌宪、胡成等编著：《影响中国历史进程的文献》，岳麓书社1997年版，第365页

|解读

《清帝退位诏书》是由大清帝国最后一位皇帝爱新觉罗·溥仪于1912年2月12日颁布的退位诏书，宣告统治中国二百六十多年的清王朝结束。由于溥仪当时年仅六岁，因此由隆裕太后临朝称制。

退位诏书确立了中华民国的两个主题，一个是建立共和政体，一个是实现"五族共和"。

探究

多角度认识1912年的《清帝退位诏书》，你如何理解辛亥革命是中国式的"光荣革命"？

文献选编▶

中华民国临时约法（节选）

第一章　总纲

第一条　中华民国由中华人民组织之。

第二条　中华民国之主权属于国民全体。

第三条　中华民国领土为二十二行省、内外蒙古、西藏、青海。

第四条　中华民国以参议院、临时大总统、国务员、法院行使其统治权。

第二章　人民

第五条　中华民国人民一律平等，无种族、阶级、宗教之区别。

第六条　人民得享有左列各项之自由权：

一、人民之身体非依法律，不得逮捕、拘禁、审问、处罚。

二、人民之家宅非依法律不得侵入或搜索。

三、人民有保有财产及营业之自由。

四、人民有言论、著作、刊行及集会结社之自由。

五、人民有书信秘密之自由。

六、人民有居住迁徙之自由。

七、人民有信教之自由。

第七条　人民有请愿于议会之权。

第八条　人民有陈诉于行政官署之权。

第九条　人民有诉讼于法院受其审判之权。

第十条　人民对于官吏违法损害权利之行为，有陈诉于平政院之权。

第十一条　人民有应任官考试之权。

第十二条　人民有选举及被选举之权。

第十三条　人民依法律有纳税之义务。

第十四条　人民依法律有服兵之义务。

……

第三章　参议院

第十六条　中华民国之立法权以参议院行之。

……

第四章　临时大总统、副总统

第二十九条　临时大总统、副总统由参议院选举之。以总员四分三以上出席，得票满投票总数三分二以上者为当选。

第三十条　临时大总统代表临时政府，总揽政务，公布法律。

……

第三十七条　临时大总统代表全国接受外国之大使、公使。

……

第四十一条　临时大总统受参议院弹劾后，由最高法院全院审判官互选九人，组织特别法庭审判之。

......

第五章　国务员

第四十三条　国务总理及各部总长均称为国务员。

第四十四条　国务员辅佐临时大总统负其责任。

......

第四十七条　国务员受参议院弹劾后，临时大总统应免其职。但得交参议院覆议一次。

第六章　法院

......

第五十一条　法官独立审判，不受上级官厅之干涉。

......

第七章　附则

......

第五十四条　中华民国之宪法由国会制定。宪法未施行以前，本约法之效力与宪法等。

......

——赖骏楠编著：《宪制道路与中国命运：中国近代宪法文献选编（1840—1949）》（上卷），中央编译出版社2017年版，第355—359页

解读

《中华民国临时约法》颁布于1912年3月11日，有"总纲""人民""参议院""临时大总统、副总统""国务员""法院""附则"七章五十六条。这是辛亥革命胜利后，宋教仁起草制定的具有"宪法"性质的根本大法，是中国历史上第一部资产阶级共和国宪法性质的重要文件。

但袁世凯等军阀多次破坏《中华民国临时约法》，实行专制独裁。更重要的是《中华民国临时约法》所体现的精神内涵并没有成为绝大多数民众的价值观念，一些

民众对民主、共和的观念还非常陌生。

探究

结合美国、法国政体特点，分析《中华民国临时约法》的内容和意义。

文献选编▶

异哉所谓国体问题者（节选）

秋霖腹疾，一卧兼旬，感事怀人，百念灰尽。而户以外甚嚣尘上，嚃然以国体问题闻。以厌作政谈如鄙人者，岂必更有所论列？虽然，独于兹事，有所不容已于言也，乃作斯篇。（表达了作者忧国忧民、心灰意冷的感情）

吾当下笔之先，有二义当为读者告：其一，当知鄙人原非如新进耳食家之心醉共和，故于共和国体非有所偏爱，而于其他国体非有所偏恶。鄙人十年来夙所持论，可取之以与今日所论相对勘也。其二，当知鄙人又非如老辈墨守家之断争朝代。首阳蕨薇，鲁连东海，此个人各因其地位而谋所以自处之道则有然，若放眼以观国家尊荣危

亡之所由，则一姓之兴替，岂有所择？先辨此二义以读吾文，庶可以无蔽而迩于正鹄也。（开篇亮明观点，光明磊落）

......

然则今之标立宪主义以为国体论之护符者，除非其于"立宪"二字别有解释，则吾不敢言。夫前清之末叶，则固自谓立宪矣，试问论者能承认否？且吾欲问论者，挟何券约，敢保证国体一变之后，而宪政即可实行而无障？如其不然，则仍是单纯之君主论，非君主立宪论也。既非君主立宪，则其为君主专制，自无待言。不忍于共和之敝，而欲以君主专制代之，谓为良图，实所未解！今在共和国体之下而暂行专制，其中有种种不得已之理由，犯众谤以行之，尚能为天下所共谅。今如论者所规画，欲以立宪政体与君主国体为交换条件，使其说果行，则当国体改定伊始，势必且以实行立宪宣示国民，宣示以后，万一现今种种不得已之理由者依然存在，为应彼时时势之要求起见，又不得不仍行专制，吾恐天下人遂不复能为元首谅矣。夫外蒙立宪之名，而内行非立宪之实，此前清之所以崩颓也。《诗》曰："殷鉴不远，在夏后之世。"论者其念诸！（反对在共和国体下的君主专制复辟）

......

《诗》曰："民亦劳止，汔可小息。"自辛亥八月迄今，未盈四年，忽而满洲立宪，忽而五族共和，忽而临时总统，忽而正式总统，忽而制定约法，忽而修改约法，忽而召集国会，忽而解散国会，忽而内阁制，忽而总统制，忽而任期总统，忽而终身总统，忽而以约法暂代宪法，忽而催促制定宪法。大抵一制度之颁，行之平均不盈半年，旋即有反对之新制度起而推翻之，使全国民彷徨迷惑，莫知适从，政府威信扫地尽矣。今日对内对外之要图，其可以论列者不知凡几，公等欲尽将顺匡救之职，何事不足以自效？何苦无风鼓浪，兴妖作怪，徒淆民视听而诒国家以无穷之戚也！（政体制度更换频繁）

......

附言：

吾作此文既成，后得所谓筹安会者寄示杨度氏所著《君宪救国论》，偶一翻阅，见其中有数语云："盖立宪者，国家有一定之法制，自元首以及国人，皆不能为法律外之行动。贤者不能逾法律而为善，不肖者亦不能逾法律而为恶。"深叹其于立宪精义能一语道破。惟吾欲问：杨氏所长之筹安会，为法律内之行动耶，抑法律外之行动耶？杨氏贤者也，或能自信非逾法律以为恶，然得毋已逾法律以为善耶？呜呼！以昌

言君宪之人而行动若此，其所谓君宪者从可想耳，而君宪之前途亦从可想耳。（斥责杨度，主张立宪应遵守法律）

——侯宜杰选注：《梁启超文选》，百花文艺出版社2006年版，第236—249页

▓ 解 读 ▓

1915年底，袁世凯复辟帝制，梁启超在上海《大中华》月刊发表了明确反对称帝的雄文《异哉所谓国体问题者》。在袁世凯称帝以前，他的中外帮闲文人如"筹安会六君子"及古德诺、有贺长雄之流，掀起了所谓国体问题的讨论，为袁氏的窃国称帝制造舆论。梁启超撰文驳斥，轰动中外。《申报》《时报》等大报迅速转载，风行一时，在全国激起强烈反响。梁启超的《异哉所谓国体问题者》阐述了反对变更共和国体的观点，对袁氏意欲复辟帝制的行径进行猛烈抨击。

该文发表前夕，袁世凯已有所闻，先派人贿赂梁启超二十万元，请梁不要发表此文，被梁婉言谢绝。继又遣人对梁进行威胁，各种陷害恐吓的匿名信也接连飞来，梁也不为所动。这就是说，梁启超是冒着生命危险来写此文的，尔后其则干脆投入了反袁护国战争的伟大行列之中。

▓ 探 究 ▓

了解中华民国初年民主共和与专制独裁斗争的相关史实，认识近代中国民主法治的曲折历程。

丨文献选编▶

敬告青年（节选）

窃以少年老成，中国称人之语也；年长而勿衰（Keep young while growing old），英美人相勖之辞也，此亦东西民族涉想不同现象趋异之一端欤？青年如初春，如朝日，如百卉之萌动，如利刃之新发于硎，人生最可宝贵之时期也。青年之于社会，犹新鲜活泼细胞之在人身。（青年时期，是人生最宝贵时期）……

准斯以谈，吾国之社会，其隆盛耶？抑将亡耶？非予之所忍言者。彼陈腐朽败之分子，一听其天然之淘汰，雅不愿以如流之岁月，与之说短道长，希冀其脱胎换骨也。予所欲涕泣陈词者，惟属望于新鲜活泼之青年，有以自觉而奋斗耳！（希望青年脱胎换骨，新鲜活泼）

……

……青年乎！其有以此自任者乎？若夫明其是非，以供抉择，谨陈六义，幸平心察之：

（一）自主的而非奴隶的

等一人也，各有自主之权，绝无奴隶他人之权利，亦绝无以奴自处之义务。奴隶云者，古之昏弱对于强暴之横夺，而失其自由权利者之称也。自人权平等之说兴，奴隶之名，非血气之忍受。（无自由即奴隶）……

解放云者，脱离夫奴隶之羁绊，以完其自主自由之人格之谓也。……盖自认为独立自主之人格以上，一切操行，一切权利，一切信仰，惟有听命各自国〔应为"固"，编者注〕有之智能，断无盲从隶属他人之理。（独立自主即解放）……

……

（二）进步的而非保守的

人生如逆水行舟，不进则退，中国之恒言也。……以人事之进化言之：笃古不变之族，日就衰亡。日新求进之民，方兴未已：存亡之数，可以逆睹。矧在吾国，大

梦未觉，故步自封，精之政教文章，粗之布帛水火，无一不相形见绌，而可与当世争衡？（鼓励进步，反对故步自封）

……

呜呼！巴比伦人往矣，其文明尚有何等之效用耶？"皮之不存，毛将焉附？"世界进化，骎骎未有已焉。其不能善变而与之俱进者，将见其不适环境之争存，而退归天然淘汰已耳，保守云乎哉！（落后保守将被淘汰）

（三）进取的而非退隐的

当此恶流奔进之时，得一二自好之士，洁身引退，岂非希世懿德，然欲以化民成俗，请于百尺竿头，再进一步。夫生存竞争，势所不免，一息尚存，即无守退安隐之余地。排万难而前行，乃人生之天职。以善意解之，退隐为高人出世之行；以恶意解之，退隐为弱者不适竞争之现象。欧俗以横厉无前为上德，亚洲以闲逸恬淡为美风：东西民族强弱之原因，斯其一矣。此退隐主义之根本缺点也。（要有积极进取的强者竞争精神）

……

（四）世界的而非锁国的

并吾国而存立于大地者，大小几四十余国，强半与吾有通商往来之谊。加之海陆交通，朝夕千里。古之所谓绝国，今视之若在户庭。举凡一国之经济政治状态有所变更，其影响率被于世界，不啻牵一发而动全身也。立国于今之世，其兴废存亡，视其国之内政者半，影响于国外者恒亦半焉。以吾国近事证之：日本勃兴，以促吾革命维新之局，欧洲战起，日本乃有对我之要求。此非其彰彰者耶？投一国于世界潮流之中，笃旧者固速其危亡，善变者反因以竞进。（顺应世界潮流，积极变革）

……国民而无世界智识，其国将何以图存于世界之中？语云："闭门造车，出门未必合辙。"今之造车者，不但闭户，且欲以《周礼·考工》之制，行之欧、美康庄，其患将不止不合辙已也！（反对闭门造车）

（五）实利的而非虚文的

自约翰·弥尔（J. S. Mill）"实用主义"唱道于英，孔特（Comte）之"实验哲学"唱道于法，欧洲社会之制度，人心之思想，为之一变。最近德意志科学大兴，物质文明，造乎其极，制度人心，为之再变。举凡政治之所营，教育之所期，文学技术之所风尚；万马奔驰，无不齐集于厚生利用之一途。一切虚文空想之无裨于现实生活者，吐弃殆尽。（注重现实生活）……

夫利用厚生，崇实际而薄虚玄，本吾国初民之俗；而今日之社会制度，人心思想，悉自周、汉两代而来，——周礼崇尚虚文，汉则罢黜百家而尊儒重道——名教之所昭垂，人心之所祈向，无一不与社会现实生活背道而驰。倘不改弦而更张之，则国力将莫由昭苏，社会永无宁日。……诳人之事，虽祖宗之所遗留，圣贤之所垂教，政府之所提倡，社会之所崇尚，皆一文不值也。（推崇务实精神，力主改革）

（六）科学的而非想象的

科学者何？吾人对于事物之概念，综合客观之现象，诉之主观之理性而不矛盾之谓也。想象者何？既超脱客观之现象，复抛弃主观之理性，凭空构造，有假定而无实证，不可以人间已有之智灵，明其理由，道其法则者也。在昔蒙昧之世，当今浅化之民，有想象而无科学。宗教美文，皆想象时代之产物。近代欧洲之所以优越他族者，科学之兴，其功不在人权说下，若舟车之有两轮焉。（科学与人权并重）……

国人而欲脱蒙昧时代，羞为浅化之民也，则急起直追，当以科学与人权并重。士不知科学，故袭阴阳家符瑞五行之说，惑世诬民，地气风水之淡，乞灵枯骨。农不知科学，故无择种去虫之术。工不知科学，故货弃于地，战斗生事之所需，一一仰给于异国。商不知科学，故惟识罔取近利，未来之胜算，无容心焉。医不知科学，既不解人身之构造，复不事药性之分析（阐明科学内涵）……

凡此无常识之思，惟无理由之信仰，欲根治之，厥维科学。夫以科学说明真理，事事求诸证实，较之想象武断之所为，其步度诚缓；然其步步皆踏实地，不若幻想突飞者之终无寸进也。宇宙间之事理无穷，科学领土内之膏腴待辟者，正自广阔。青年勉乎哉！（再次鼓励青年）

——蒋舒、黄莺编著：《读懂陈独秀》，广西人民出版社2015年版，第229—236页

解读

新文化运动开始于1915年，以陈独秀主办的《青年杂志》（第2卷起改名为《新青年》）的问世为标志。《敬告青年》是《青年杂志》具有发刊宣言性质的文章，提出了优秀青年的"六项标准"，表达了知识分子改造国民性的思想主张。

陈独秀热情歌颂青年，将他们比喻为初春、活力四射的初升太阳，指出青年时期是人生最宝贵的时期，青年是社会活力、生机之所在。在这篇文章中陈独秀以爱国主义激情，启示青年必须树立变革现实的思想，以顺应历史的发展。他希望青年要有探索的勇气和创新的胆识，"应战胜恶社会，而不为恶社会所征服"。他把振兴中国的希望，寄托在青年人身上。

探究

概括新文化运动的背景、主张，探究其深远影响。

第四讲

❦

中国共产党的成立与新民主主义革命的兴起

阶段特征

巴黎和会上，中国外交遭遇惨败，轰轰烈烈的反帝爱国运动——五四运动由此爆发。五四运动是无产阶级领导的人民大众反帝反封建的新民主主义革命的开端。五四运动后诞生的中国共产党，给灾难深重的中国人民带来了光明和希望，指明中国革命的方向。随后，第一次国共合作正式实现，推动反帝反封建的国民革命运动迅速展开。正当北伐军胜利进军的紧要关头，蒋介石发动了四一二反革命政变。国民革命失败后，国民政府加强了独裁统治。

▌文献选编▶

Bolshevism的胜利（节选）

（一九一八年十二月）

"胜利了！胜利了！联军胜利了！降服了！降服了！德国降服了！"家家门上插的国旗，人人口里喊的万岁，似乎都有这几句话在那颜色上音调里隐隐约约的透出来。联合国的士女，都在街上跑来跑去的庆祝战胜。联合国的军人，都在市内大吹大擂的高唱凯歌。……

但是我辈立在世界人类中一员的地位，仔细想想：这回胜利，究竟是谁的胜利？……

原来这次战局终结的真因，不是联合国的兵力战胜德国的兵力，乃是德国的社会主义战胜德国的军国主义。不是德国的国民降服在联合国武力的面前，乃是德国的皇帝、军阀、军国主义降服在世界新潮流的面前。战胜德国军国主义的，不是联合国，是德国觉醒的人心。……对于德国军国主义的胜利，不是联合国的胜利……和那投机取巧卖乖弄俏的政客的胜利，是人道主义的胜利，是平和思想的胜利，是公理的胜利，是自由的胜利，是民主主义的胜利，是社会主义的胜利，是Bolshevism的胜利，是赤旗的胜利，是世界劳工阶级的胜利，是二十世纪新潮流的胜利。……我们对于这桩世界大变局的庆祝，不该为那一国那些国里一部分人庆祝，应该为世界人类全体的新曙光庆祝；不该为那一边的武力把那一边的武力打倒而庆祝，应该为民主主义把帝制打倒，社会主义把军国主义打倒而庆祝。（一战的胜利是社会主义的胜利）

……（Bolshevika）他们的目的，在把现在为社会主义的障碍的国家界限打破，把资本家独占利益的生产制度打破。此次战争的真因，原来也是为把国家界限打破而起的。因为资本主义所扩张的生产力，非现在国家的界限内所能包容；因为国家的界限内范围太狭，不足供他的生产力的发展，所以大家才要靠着战争，打破这种界限，要想合全球水陆各地成一经济组织，使各部分互相联结。关于打破国家界限这一点，社会党人也与他们意见相同。但是资本家的政府企望此事，为使他们国内的中级社会获得利益，依靠战胜国资本家一阶级的世界经济发展，不依靠全世界合于人道的生产者合理的组织的协力互助。这种战胜国，将因此次战争，由一个强国的地位进而为世界大帝国。Bolsheviki看破这一点，所以大声疾呼，宣告：此次战争是……资本家政府的战争，不是他们的战争。他们的战争，是阶级战争，是合世界无产庶民对于世界资本家的战争。战争固为他们所反对，但是他们也不恐怕战争。他们主张一切男女都应该工作，工作的男女都应该组入一个联合……一切产业都归在那产业里作工的人所有，此外不许更有所有权。他们将要联合世界的无产庶民，拿他们最大、最强的抵抗力，创造一自由乡土，先造欧洲联邦民主国，做世界联邦的基础。这是Bolsheviki的主义。这是二十世纪世界革命的新信条。（李大钊谈对马克思主义的理解）

……

……匈、奥革命，德国革命，勃牙利革命，最近荷兰、瑞典、西班牙也有革命社会党奋起的风谣。革命的情形，和俄国大抵相同。赤色旗到处翻飞，劳工会纷纷成立，可以说完全是俄罗斯式的革命，可以说是二十世纪式的革命。像这般滔滔滚滚的潮流，实非现在资本家的政府所能防遏得住的。因为二十世纪的群众运动，是合世界人类全体为一大群众。……由今而后，到处所见的，都是Bolshevism战胜的旗。到处所闻的，都是Bolshevism的凯歌的声。人道的警钟响了！自由的曙光现了！试看将来的环球，必是赤旗的世界！（马克思主义是不可阻挡的世界新潮流）

我尝说过：历史是人间普遍心理表现的记录。……一七八九年法兰西的革命，不独是法兰西人心变动的表征，实是十九世纪全世界人类普遍心理变动的表征。一九一七年俄罗斯的革命，不独是俄罗斯人心变动的显兆，实是二十世纪全世界人类普遍心理变动的显兆。俄国的革命，不过是使天下惊秋的一片桐叶罢了。Bolshevism这个字，虽为俄人所创造，但是他的精神，可是二十世纪全世界人类人人心中共同觉悟的精神。所以Bolshevism的胜利，就是二十世纪世界人类人人心中共同觉悟的新精神的胜利！（马克思主义代表人类共同觉悟的新精神）

——中国李大钊研究会编注：《李大钊全集》（第二卷），人民出版社2006年版，第258—263页

解读

十月革命的消息传到中国以后，在中国思想界引起了巨大的反响，反对者有之，怀疑者有之，歌颂者亦有之，但歌颂者在开始时很少。李大钊是最早赞颂这一伟大革命的，第一次在中国举起了社会主义大旗。

他在1918年写了《法俄革命之比较观》《庶民的胜利》《Bolshevism的胜利》等文，指出这一革命将一切权力"全收于民众之身"，是"立于社会主义上之革命"，认为这一伟大革命，必将如同法国大革命对于资产阶级革命发生巨大影响那样，敲响了20世纪人道的钟声，欢呼"试看将来的环球，必是赤旗的世界"。

探究

查阅相关史实，认识早期马克思主义思想的传播对于中国革命的意义。

▌文献选编▐▶

北京学生界宣言

　　呜呼国民！我最亲最爱最敬佩最有血性之同胞！我等含冤受辱，忍痛被垢，于日本人之密约危险，以及朝夕企祷之山东问题，青岛归还问题，今已有由五国公管，降而为中、日直接交涉之提议矣。噩耗传来，黯天无色。（巴黎和会外交失败）夫和议正开，我等所希望所庆祝者，岂不曰世界上有正义、有人道、有公理。归还青岛，取消中日密约、军事协定，以及其他不平等之条约，公理也，即正义也。背公理而逞强权，将我之土地由五国公管，侪我于战败国如德、奥之列，非公理、非正义也。今又显然背弃，山东问题，由我与日本直接交涉。夫日本，虎狼也，既能以一纸空文，窃掠我二十一条之美利，则我与之交涉，简言之，是断送耳，是亡青岛耳，是亡山东耳。夫山东北扼燕、晋，南拱鄂、宁，当京汉、津浦两路之冲，实南北之咽喉关健〔应为"键"，编者注〕。山东亡，是中国亡矣。（强调山东问题的重要性）我同胞处此大地，有此山河，岂能目睹此强暴之欺凌我、压迫我、奴隶我、牛马我，而不作万死一生之呼救乎。法之于亚鲁撒、劳连两州也，曰："不得之，毋宁死。"朝鲜之谋独立也，曰："不独立，毋宁死。"夫至于国家存亡，土地割裂，问题吃紧之时，而其民犹不能下一大决心，作最后之愤救者，则是二十世纪之贱种，无可语于人类者矣。我同胞有不忍于奴隶牛马之痛苦，极欲奔救之者乎，则开国民大会，露天演讲，通电坚持，为今日之要着。至有甘心卖国，肆意通奸者，则最后之对付，手枪、炸弹是赖矣。危机一发，幸共图之。（号召民众反抗救国）

　　——王德锋、傅炳旭、宋聚荣主编：《中国近现代史参考资料》（修订本），吉林人民出版社1993年版，第251—252页

▌▌解读▌▌

　　第一次世界大战结束后，1919年1月18日至6月28日，英、法、美、意、日等战胜

国在巴黎召开所谓的"和平会议"，中国在大战中参加了协约国方面，是战胜国之一，派出由陆征祥（北京政府外交总长）、顾维钧（驻美公使）、施肇基（驻英公使）、魏宸组（驻比公使）、王正廷（南方军政府代表）五人组成的代表团出席会议。在和会上，中国代表提出了恢复国家主权完整的正当要求，但日本以北洋政府1918年9月在关于山东问题的秘密换文中有"欣然同意"的字样为把柄，坚持继续霸占山东的权利，英、法等国竟支持日本的强盗要求。如此一来，中国在巴黎和会上的外交完全失败了，战胜国之一的中国，和战败国一样受到惨痛宰割。1919年5月4日，北京各校学生三千余人，从四面八方聚集到天安门，当众宣读《北京学生界宣言》，随后举行示威游行。

《北京学生界宣言》是五四运动的重要文献，反映了五四运动的历史意义，即五四运动是一场彻底的、不妥协的反帝运动，是一次爱国政治运动，是中国历史上一次真正伟大的群众运动，极大地提高了中国人民的觉悟；同时它还是中国青年运动的伟大开端，哺育了一大批杰出的人才。

探究

结合所学知识，分析五四运动爆发的原因和影响。

文献选编▶

中国共产党第一个纲领（节选）

（一九二一年七月）

一、本党定名为"中国共产党"。

二、本党纲领如下：

（1）革命军队必须与无产阶级一起推翻资本家阶级的政权，必须支援工人阶级，直到社会的阶级区分消除为止；

（2）承认无产阶级专政，直到阶级斗争结束，即直到消灭社会的阶级区分；

（3）消灭资本家私有制，没收机器、土地、厂房和半成品等生产资料，归社会公有；

（4）联合第三国际。

（奋斗目标：推翻资本阶级的政权，建立无产阶级专政）

三、本党承认苏维埃管理制度，把工农劳动者和士兵组织起来，并承认党的根本政治目的是实行社会革命；中国共产党彻底断绝同黄色知识分子阶层及其他类似党派的一切联系。

四、凡承认本党纲领和政策，并愿成为忠实党员的人，经党员一人介绍，不分性别、国籍，均可接收为党员，成为我们的同志。但在加入我们队伍之前，必须与企图反对本党纲领的党派和集团断绝一切联系。

五、接收新党员的手续如下：候补党员必须接受其所在地的委员会的考查，考查期限至少为两个月。考查期满后，经多数党员同意，始得被接收入党。如该地区设有执行委员会，应经执行委员会批准。

六、在党处于秘密状态时，党的重要主张和党员身份应保守秘密。

七、凡有党员五人以上的地方，应成立委员会。

八、委员会的成员经当地委员会书记介绍，可转到另一个地方的委员会。

九、凡是党员不超过十人的地方委员会，应设书记一人；超过十人的应设财务委员、组织委员和宣传委员各一人；超过三十人的，应从委员会的委员中选出一个执行委员会。执行委员会的章程另订。

十、工人、农民、士兵和学生的地方组织中党员人数多时，可派他们到其他地区去工作，但是一定要受地方执行委员会的严格监督。

……

十二、地方委员会的财务、活动和政策，应受中央执行委员会的监督。

十三、委员会的党员人数超过五百，或同一地方设有五个委员会时，应由全国代表会议委派十人组成执行委员会。如上述要求不能实现，应成立临时中央执行委员会。关于执行委员会的工作和组织细则另订。

十四、党员除非迫于法律，不经党的特许，不得担任政府官员或国会议员。士兵、警察和职员不受此限（这一条在一九二二年第二次代表大会上曾引起激烈争论）。

十五、本纲领须经全国代表大会三分之二代表同意，始得修改。

——中共中央党史研究室、中央档案馆编：《中国共产党第一次全国代表大会档案文献选编》，中共党史出版社2015年版，第3—4页

解读

1921年6月，上海的共产党早期组织通知各地的党组织，派代表到上海参加中国共产党第一次全国代表大会。7月下旬，除旅法的党组织因路途遥远未能派代表外，其他各地代表陆续抵达上海。1921年7月23日，中国共产党第一次全国代表大会在上海法租界贝勒路树德里3号（后称望志路106号，现改兴业路76号）开幕，前后共开了七次会议。共产国际派马林（荷兰人）和赤色职工国际代表尼克尔斯基（俄国人）出席了党的第一次全国代表大会。30日晚，因法租界巡捕房搜查，代表们商量会议地点改换，在李达夫人王会悟（浙江嘉兴人）的提议下，决定到嘉兴南湖去开完最后一次会议。7月31日，代表们来到南湖，在一艘游船上举行了第七次会议。会议通过了《中国共产党第一个纲领》和《中国共产党第一个决议》，选举了党的领导机构。至此，党的第一次全国代表大会胜利闭幕。

《中国共产党第一个纲领》是中国共产党第一次全国代表大会的主要内容。它的通过，正式宣告了中国共产党的诞生。

探究

查阅《中国共产党宣言》，了解中共二大制定的中共最低纲领和最高纲领的内容。

文献选编▶

中国国民党第一次全国代表大会宣言（节选）

（一九二四年一月二十三日）

一、中国之现状

……

吾国民党则夙以国民革命、实行三民主义为中国唯一生路。兹综观中国之现状，益知进行国民革命之不可懈。故再详阐主义，发布政纲，以宣告全国。

二、国民党之主义

国民党之主义维何？即孙先生所提倡之三民主义是已。本此主义以立政纲，吾人以为救国之道，舍此末由。国民革命之逐步进行，皆当循此原则。此次毅然改组，于组织及纪律特加之意，即期于使党员各尽所能，努力奋斗，以求主义之贯彻。……

（一）民族主义　国民党之民族主义，有两方面之意义：一则中国民族自求解放；二则中国境内各民族一律平等。

第一方面：国民党之民族主义，其目的在使中国民族得自由独立于世界。辛亥以前，满洲以一民族宰制于上，而列强之帝国主义复从而包围之，故当时民族主义运动，其作用在脱离满洲之宰制政策与列强之瓜分政策。辛亥以后，满洲之宰制政策已为国民运动所摧毁，而列强之帝国主义则包围如故，瓜分之说变为共管，易言之，武力之掠夺变为经济的压迫而已，其结果足使中国民族失其独立与自由则一也。……盖民族主义对于任何阶级，其意义皆不外免除帝国主义之侵略。……故民族解放之斗争，对于多数之民众，其目标皆不外反帝国主义而已。……吾人欲证实民族主义实为健全之反帝国主义，则当努力于赞助国内各种平民阶级之组织，以发扬国民之能力。盖惟国民党与民众深切结合之后，中国民族之真正自由与独立始有可望也。

第二方面：……国民党敢郑重宣言，承认中国以内各民族之自决权，于反对帝国主义及军阀之革命获得胜利以后，当组织自由统一的（各民族自由联合的）中华民国。（对外反对帝国主义，对内主张民族平等）

（二）民权主义　国民党之民权主义，于间接民权之外，复行直接民权，即为国民者不但有选举权，且兼有创制、复决、罢官诸权也。民权运动之方式，规定于宪法，以孙先生所创之五权分立为之原则，即立法、司法、行政、考试、监察五权分立是已。凡此既以济代议政治之穷，亦以矫选举制度之弊。……若国民党之民权主义，则为一般平民所共有，非少数者所得而私也。（明确地提出了广大人民的民主权利）……

（三）民生主义　国民党之民生主义，其最要之原则不外二者：一曰平均地权；二曰节制资本。盖酿成经济组织之不平均者，莫大于土地权之为少数人所操纵。故当由国家规定土地法、土地使用法、土地征收法及地价税法。私人所有土地，由地主估价呈报政府，国家就价征税，并于必要时依报价收买之，此则平均地权之要旨也。凡本国人及外国人之企业，或有独占的性质或规模过大为私人之力所不能办者，如银行、铁道、航路之属，由国家经营管理之，使私有资本制度不能操纵国民之生计，此则节制资本之要旨也。举此二者，则民主主义之进行，可期得良好之基础。……制定劳工法，以改良工人之生活。此外如养老之制、育儿之制、周恤废疾者之制、普及教育之制，有相辅而行之性质者，皆当努力以求其实现。凡此皆民生主义所有事也。（反对封建土地所有制和垄断资本主义）

……

国民党之三民主义，其真释具如此。自本党改组后，以严格之规律的精神，树立本党组织之基础，对于本党党员，用各种适当方法施以教育及训练，使成为能宣传主义、运动群众、组织政治之革命的人才。同时以本党全力，对于全国国民为普遍的宣传，使加入革命运动，取得政权，克服民敌。至于既取得政权树立政府之时，为制止国内反革命运动及各国帝国主义压制吾国民众胜利之阴谋，芟除实行国民党主义之一切障碍，更应以党为掌握政权之中枢。盖惟有组织、有权威之党，乃为革命的民众之本据，能为全国人民尽此忠实之义务故耳。

——孟庆鹏编：《孙中山文集》，团结出版社2016年版，第261—267页

解读

在中国共产党的努力和具体帮助下，以解决改组问题为中心内容的国民党第一次全国代表大会于1924年1月20日至30日在广州召开。大会通过了由中国共产党人参加起草的《中国国民党第一次全国代表大会宣言》。这个宣言总结了过去革命斗争的经验，批评了当时社会上流行的立宪派、联省自治派、和平会议派以及商人政府派等各种错误的、反动的主张；确定了联俄、联共、扶助农工的三大政策；接受了中国共产党提出的反帝反封建的口号；规定了民主革命的基本纲领以打倒帝国主义、打倒军阀为目标。此次大会最重要的内容之一是重新解释三民主义。

新三民主义的基本内容，与中国共产党在民主革命阶段的纲领基本一致，从而成为两党合作的政治基础及革命统一战线的共同纲领。国民党一大的召开标志着第一次国共合作的正式形成。国民党经过这次改组，成为工人、农民、小资产阶级和民族资产阶级的革命联盟。

探究

对比旧三民主义和新三民主义，论述新三民主义对旧三民主义的发展。

文献选编▶

中国国民党为国民革命军出师北伐宣言（节选）

——民国十五年七月四日中央执行委员会通过发表

……居今日之中国，除少数军阀、官僚、买办、财阀之外，全国人民入则有老弱待哺之忧，出则无立业谋生之地，行则逢掳身丧命之变，居则罹举家冻馁之祸，灾害深于水火，困苦甚于倒悬，凡此皆帝国主义之侵略及卖国军阀之窃权之所致也。帝国主义在经济上之侵略，其剥削之巨，动辄万万，数十年来未尝或息也。迄中国之人民膏血已尽，仅存皮骨，彼为债主，我为债户；彼不劳而坐获，我终日充牛马；彼为经济的主人，而操命令指挥之全权；我为经济的奴隶，而居被驱使之地位。帝国主义在经济上剥削中国之不足，更在政治上利用万恶之卖国军阀，造成笔难尽述之罪恶。……以军阀为刀俎，以吾民为鱼肉，如此则无怪乎中国农民不能安于乡，工人不能安于市，商民不能安于行旅，智识界不能安于校舍，军阀下之军人恒辗转惨死于连年之内战，甚至经营工业之企业家亦惴惴不能一日安其生也。帝国主义侵略之程度日益加深，军阀之暴虐日益加重，则中国全国人民之困苦，自然日益加重。（中国人民困苦的原因在于军阀的暴虐和帝国主义的侵略，因此北伐的任务是反军阀反帝国主义）……

本党从来主张用和平方法，建设统一政府，盖一则中华民国之政府，应由中华人民自起而建设；一则以凋敝之民生，不堪再经内乱之祸。故总理北上之时，即谆谆以开国民会议，解决时局，号召全国。孰知段贼于国民会议，阳诺而阴拒；而帝国主义者复煽动军阀，益肆凶焰。迄于今日，不特本党召集国民会议以谋和平统一之主张未能实现，而且卖国军阀吴佩孚得英帝国主义者之助，死灰复燃，竟欲效袁贼世凯之故智，大举外债，用以摧残国民独立自由之运动。帝国主义者复饵以关税增收之利益，与以金钱军械之接济，直接帮助吴贼压迫中国国民革命；间接即所以谋永久掌握中国关税之权，而使中国经济生命，陷于万劫不复之地。（真正的共和政府自辛亥革命之后迟迟无法产生，最大的阻碍就是军阀）……本党敢郑重向全国民众宣言曰：中国人民一切困苦之总原因，在帝国主义者之侵略及其工具卖国军阀之暴虐。中国人民之唯一的需要，在建设一人民的统一政府。而过去数年间之经验，已证明帝国主义者及卖国军阀，实为和平统一之障碍，为革命势力之仇敌；故帝国主义者及卖国军阀之势力不被推翻，则不但统一政府之建设无希望，而中华民国唯一希望所系之革命根据地，且有被帝国主义者及卖国军阀联合进攻之虞。本党为实现中国人民之唯一的需要，统一政府之建设，为巩固国民革命根据地，不能不出师以剿除卖国军阀之势力。本党为民请命，为国除奸，成败利钝，在所不顾，任何牺牲，在所不惜。本党为求遵守总理所昭示之方略，尽本党应尽之天职，宗旨一定，生死以之。愿全国民众平日同情于本党之主义及政纲者，更移其平日同情之心，进而同情于本党之出师，赞助本党之出师，参加本党之作战；则军阀势力之推倒，将愈加迅速，统一政府之建设，将愈有保障，而国民革命之成功，亦愈将不远矣。（号召民众支持国民党北伐）

——全国政协文史和学习委员会编：《国民革命军北伐亲历记》，中国文史出版社2017年版，第277—279页

解读

北伐战争是由国共两党合作讨伐北洋军阀的革命战争。辛亥革命失败后，北洋政府腐败无能，军阀内部派系林立，军阀割据一方，广大人民生活在水深火热之中。国共两党合作后，经过两年多的艰苦斗争和各方面的准备，全国工农革命运动空前高涨，广东革命根据地也得到统一和巩固。1926年7月，广州国民政府领导的国民革命军十万人正式出师北伐，国民党正式发表《中国国民党为国民革命军出师北伐宣言》，庄重地向全国人民宣布这次北伐的目的、性质及其重要意义。

在苏联军事顾问的帮助下，北伐军制定了正确的行动方针，首先向军阀吴佩孚部队盘踞的湖南、湖北进军。与此同时，北伐军向江西进军。福建、浙江等省的军阀也纷纷倒向北伐军。国民革命军誓师北伐仅半年，在中共领导的工农革命运动的有力支持和配合下，取得了惊人的进展，从珠江流域发展到长江流域，占领了包括湖南、湖北、江西、福建、浙江、安徽、江苏等省的广大地区，革命声威大震，沉重地打击了帝国主义和军阀在中国的统治。北伐战争基本消灭了北洋军阀，为以后中国新民主主义革命的发展奠定了基础。

探究

查阅相关史实，分析北伐战争的背景和意义。

|文献选编|▶

中国社会各阶级的分析（节选）

（一九二五年十二月一日）

谁是我们的敌人？谁是我们的朋友？这个问题是革命的首要问题。中国过去一切革命斗争成效甚少，其基本原因就是因为不能团结真正的朋友，以攻击真正的敌人。革命党是群众的向导，在革命中未有革命党领错了路而革命不失败的。我们的革命要有不领错路和一定成功的把握，不可不注意团结我们的真正的朋友，以攻击我们的真正的敌人。我们要分辨真正的敌友，不可不将中国社会各阶级的经济地位及其对于革命的态度，作一个大概的分析。（分析中国社会阶级成分的必要性）

中国社会各阶级的情况是怎样的呢？

地主阶级和买办阶级。在经济落后的半殖民地的中国，地主阶级和买办阶级完全是国际资产阶级的附庸，其生存和发展，是附属于帝国主义的。这些阶级代表中国最落后的和最反动的生产关系，阻碍中国生产力的发展。他们和中国革命的目的完全不相容。特别是大地主阶级和大买办阶级，他们始终站在帝国主义一边，是极端的反革命派。其政治代表是国家主义派和国民党右派。（地主阶级和买办阶级是革命的敌人）

中产阶级。这个阶级代表中国城乡资本主义的生产关系。中产阶级主要是指民族资产阶级，他们对于中国革命具有矛盾的态度：他们在受外资打击、军阀压迫感觉痛苦时，需要革命，赞成反帝国主义反军阀的革命运动；但是当着革命在国内有本国无产阶级的勇猛参加，在国外有国际无产阶级的积极援助，对于其欲达到大资产阶级地位的阶级的发展感觉到威胁时，他们又怀疑革命。……

小资产阶级。如自耕农，手工业主，小知识阶层——学生界、中小学教员、小员司、小事务员、小律师，小商人等都属于这一类。这一个阶级，在人数上，在阶级性上，都值得大大注意。……这个小资产阶级内的各阶层虽然同处在小资产阶级经济地位，但有三个不同的部分。……第三部分是生活下降的。……这种人在革命运动中

71

颇要紧，是一个数量不小的群众，是小资产阶级的左翼。以上所说小资产阶级的三部分，对于革命的态度，在平时各不相同；但到战时，即到革命潮流高涨、可以看得见胜利的曙光时，不但小资产阶级的左派参加革命，中派亦可参加革命，即右派分子受了无产阶级和小资产阶级左派的革命大潮所裹挟，也只得附和着革命。我们从一九二五年的五卅运动和各地农民运动的经验看来，这个断定是不错的。（中产阶级和小资产阶级对待革命态度不稳定）

半无产阶级。此处所谓半无产阶级，包含：（一）绝大部分半自耕农，（二）贫农，（三）小手工业者，（四）店员，（五）小贩等五种。绝大部分半自耕农和贫农是农村中一个数量极大的群众。所谓农民问题，主要就是他们的问题。……

无产阶级。现代工业无产阶级约二百万人。中国因经济落后，故现代工业无产阶级人数不多。二百万左右的产业工人中，主要为铁路、矿山、海运、纺织、造船五种产业的工人，而其中很大一个数量是在外资产业的奴役下。工业无产阶级人数虽不多，却是中国新的生产力的代表者，是近代中国最进步的阶级，做了革命运动的领导力量。……他们所以能如此，第一个原因是集中。无论哪种人都不如他们的集中。第二个原因是经济地位低下。他们失了生产手段，剩下两手，绝了发财的望，又受着帝国主义、军阀、资产阶级的极残酷的待遇，所以他们特别能战斗。……

此外，还有数量不小的游民无产者，为失了土地的农民和失了工作机会的手工业工人。他们是人类生活中最不安定者。……处置这一批人，是中国的困难的问题之一。这一批人很能勇敢奋斗，但有破坏性，如引导得法，可以变成一种革命力量。

综上所述，可知一切勾结帝国主义的军阀、官僚、买办阶级、大地主阶级以及附属于他们的一部分反动知识界，是我们的敌人。工业无产阶级是我们革命的领导力量。一切半无产阶级、小资产阶级，是我们最接近的朋友。那动摇不定的中产阶级，其右翼可能是我们的敌人，其左翼可能是我们的朋友——但我们要时常提防他们，不要让他们扰乱了我们的阵线。（明确革命可以依靠的阶级）

——《毛泽东选集》（第一卷），人民出版社1991年版，第3—9页

解读

为了反对党内存在的"左"、右两种错误倾向，毛泽东写了《中国社会各阶级

的分析》。当时，右倾机会主义以陈独秀为代表，他们只注重同国民党的合作，忘记了保持党的独立性，忘记了工农联盟是我党的政治基础；"左"倾机会主义以张国焘为代表，只注重发动工人运动，而忽视了统一战线。两种错误思想的共同点是忽视了农民。

《中国社会各阶级的分析》写于1925年12月，毛泽东遵循马克思主义的阶级分析方法，将当时中国的社会人群划分为地主阶级、买办阶级、中产阶级、小资产阶级、半无产阶级、无产阶级、游民无产者，详尽地分析了各阶级的经济地位及其对革命的态度，初步解决了新民主主义革命的领导力量、同盟军、革命对象和任务等问题。

这篇文章是毛泽东创造性地把马克思主义应用于中国革命实际的初次尝试，第一次展示了毛泽东重视了解国情，将理论与实际相结合解决问题的独特视角，因此，一般把这篇文章作为毛泽东思想萌芽的重要标志。

探究

阅读材料并结合《湖南农民运动考察报告》，思考农民阶级在革命中的地位和作用。

▌文献选编▶

我的戎马生涯——郑洞国回忆录（节选）

北伐军占领南京，引起了帝国主义列强的极度恐慌。东路军抵达南京城的当晚，云集在下关附近江面上的英、日、美、法军舰，借口其侨民受到伤害，突然向南京下关和栖霞山地区实施野蛮的炮击，打死打伤我军民二千余人，击毁民房无数，制造了震惊中外的"下关惨案"。当时，我率部据守栖霞山阵地，亲眼看到阵地附近和下关的市民居住区燃起熊熊大火，成千上万的无辜百姓在帝国主义的炮火下奔逃号泣，惨不忍睹。我军官兵无不义愤填膺，不待上级命令，便自动进入阵地向列强兵舰狠狠还击，双方激烈交火近一小时。可惜我军缺乏重武器，火炮尤少，未能给敌人以致命打击。

通过这次事件，使我更加认清了帝国主义列强是国民革命的凶恶敌人，不将这些列强势力驱逐出中国，则中国革命断无成功之望。

但是，使人万分痛心的是，就在北伐战争取得重大胜利，革命大业正待继续向前发展之际，革命阵营内部却在帝国主义列强和国内大资产阶级的威胁、利诱下发生了严重分裂。1927年4月12日，以国民革命军总司令蒋介石为首的右派势力在上海公开宣布"清共"，并以武力解除了上海工人纠察队的武装，大批屠杀共产党人和革命民众。消息传到南京，我们不少人都惊呆了，简直不敢相信这会是事实。尽管自1926年春以来，中共与国民党右派之间发生了诸如"中山舰事件"、"整理党务案"等大大小小的矛盾，但许多人对于坚持和维护国共合作的政治局面还是坚信不疑的。特别是我们这些在大革命洪流中成长起来的革命军军人，在黄埔军校以及后来的东征、北伐战场上与共产党员同志朝夕相处、并肩作战，结下了血肉情谊。现在革命尚未成功，我们怎能同室操戈，自相残杀？！（国共之间的矛盾开始显现，蒋介石在上海宣布"清共"，革命与反革命的阵线对垒日趋明显）

正在我们许多人惊愕不定的时候，蒋介石偕胡汉民、吴稚晖等匆匆来到南京。他们一到就召集各部队讲话，言辞激烈地攻击共产党人和武汉国民政府（此时国民政府已由广州迁抵武汉）背叛孙中山先生的事业，表示要对在南京的军队中的共产党员和同情武汉国民政府分子实行"非常紧急处置"措施（即清党），同时宣布要在南京另外成立国民政府。这下南京的空气顿时紧张起来了。我在军队中的许多朋友、熟人不久便陆续失踪了。后来方知他们当中有的遭到逮捕，有的被杀害，有的则设法跑掉了。军队内部一时人心惶惶，谁也不晓得什么时候会厄运临头。至于我们这些平时被认为思想"左"倾，与共产党人往来较密切的军官，都做好了被撤职或遭捕杀的准备。以后我本人虽然未遭杀头之祸，亦未被撤职，但却在军队中长时期得不到升迁。数年后，当时担任黄埔军校同学会负责人的一期同学黄雍告诉我，在该会秘密掌握的黑名单上，我早已被列为共产党嫌疑分子，经他发现后，始将我的名字从中抹去了。

1927年蒋介石于南京实行"清党"时期，我的思想是非常迷惘、苦闷的。那时我还是一个思想比较单纯、幼稚的青年军人，虽然有着朴素的爱国思想，但对中国革命的性质、道路却缺乏全面、深刻的认识，对于中国社会的各种矛盾以及阶级斗争的尖锐、复杂性，亦无清醒的、足够的体察，以至在这一突发的政治事变面前，全然失措，失去主张。（四一二反革命政变的发生，动摇了在革命洪流中成长的民主革命者的信念，严重损害了国民革命进程）

——郑建邦、胡耀平整理：《我的戎马生涯——郑洞国回忆录》，团结出版社2008年版，第50—51页

▣ 解读 ▣

郑洞国，湖南石门人，国民党重要将领。1924年，通过考试成为黄埔军校第一期的学生，并加入国民党。参加过平定广州反动商团叛乱的战斗和东征。1926年他随部编入东路军参加北伐，任第八团团长，作战积极勇敢。1927年10月至1928年3月，任东路军总指挥部参议，参加了北伐战争的整个过程。新中国成立后，郑洞国曾任全国政协常务委员、民革中央副主席、黄埔军校同学会副会长等职。

在北伐后期，发生了四一二反革命政变，这是蒋介石集团公开叛变革命，血腥屠杀上海共产党人和革命群众的严重反革命事件。据不完全统计，在此次政变发生后的三天中，遭杀害者三百多人，被拘捕者五百多人，流亡失踪者五千多人。上海区委领导人陈延年、赵世炎等都在此次政变后不久英勇牺牲。这些对郑洞国的震动很大，在

其后来撰写的回忆录中，他对此记忆犹新。

在汪精卫集团1927年7月叛变革命作出"分共"决定时，共产党人和革命群众又遭到了大屠杀。1927年秋"宁汉合流"，第一次国共合作完全破裂。因此，四一二反革命政变可视为大革命从高潮走向失败的转折点。

探究

结合所学知识，分析第一次国共合作失败的原因。

第五讲

南京国民政府的统治和中共探索革命新道路

阶段特征

　　正当北伐军胜利进军的紧要关头，蒋介石发动了四一二反革命政变。轰轰烈烈的国民革命失败后，国民政府加强了独裁统治。中国共产党开始认识到掌握武装力量的重要性，发动了南昌起义等一系列武装起义，开辟了中国革命的新道路，即"农村包围城市，武装夺取政权"的工农武装割据道路。由于"左"倾错误的影响，红军第五次反"围剿"失利。1934年10月，红军被迫开始长征。1936年10月，红军长征取得胜利，打开了中国革命的新局面。这一时期，民族资本主义获得较快发展，但也面临着重重阻碍。

文献选编 ▶

整理中美两国关税关系之条约

一九二八年七月二十五日，北京。

大中华民国、大美国因咸欲维持两国间所幸有之睦谊及发展、固结彼此贸易之往还，是以为会议条约、便宜此项目的起见，简派全权：

大中华民国国民政府特派大中华民国国民政府财政部长宋子文为全权；

大美国大总统特派大美国特命驻华全权公使马克谟为全权；

各将所奉文据互相校阅，均属妥协，会商议定条约如左：

第一条　历来中、美两国所订立有效之条约内所载关于在中国进出口货物之税率、存票、子口税并船钞等项之各条款，应即撤销作废，而应适用国家关税完全自主之原则。惟缔约各国对于上述及有关系之事项，在彼此领土内享受之待遇，应与其他国享受之待遇毫无区别。（宣布中国有关税自主权）

缔约各国不论以何借口，在本国领土内，不得向彼国人民所运输进出口之货物勒收关税或内地税，或何项捐款，超过本国人民或其他国人民所完纳者，或有所区别。（中美两国相互给予关税上的对等优惠条件）

如于民国十八年即西历一九二九年一月一日前，经双方政府按照以下所规定业经批准以上之条款，则于是日发生效力，否则，随时按批准日起四阅月后发生效力。

第二条　本约之华文及英文业经详加校对证实，惟遇有意旨两歧之处，应以英文为准。缔约各国批准本约应按各本国宪法所订之手续，且应以最早之日期在华盛顿互换批准。

因此，以上条约缮为华、英文各二分，两国全权画押、盖印，以昭信守。

宋子文

马克谟

中华民国十七年七月二十五日

西历一千九百二十八年七月二十五日

在北平签订

——王铁崖编：《中外旧约章汇编》（第三册），生活·读书·新知三联书店1962年版，第628—629页

▦解读▦

鸦片战争失败，中英《南京条约》签订，中国开始丧失关税自主权。针对此问题，北洋政府曾在巴黎和会、华盛顿会议上提出"关税自主"的要求。1928年，国民政府发起"改定新约运动"。7月25日，首先与美国签订了《整理中美两国关税关系之条约》，美国承认从1929年1月1日起中国关税自主权。随后，法国、英国等国也陆续与南京国民政府缔结了类似条约，承认中国关税自主权。国民政府将协定税则改为国定税则，将值百抽五税率改为差等税率，大体建立了自主的关税体系。

中国通过改订新约，收回了关税自主权，有利于提高中国的国际地位，增加政府财政收入，保护民族工业的发展。

▦探究▦

认识南京国民政府的"改定新约运动"，进而了解南京国民政府推行的国民经济建设运动和法币政策。

文献选编 ▶

新的革命高潮与一省或几省首先胜利（节选）

（一九三〇年六月十一日中共中央政治局会议通过目前政治任务的决议）

三 一省与几省重要省区的首先胜利与全国革命政权的建立

（十）在产业落后的中国，一般的说来，尚没有形成可以完全支配全国产业的经济中心，而且在几个与帝国主义通商的商业经济中心支配之下（如上海、香港、天津、武汉、大连），造成政治上军阀割据的局面。因此全国的统治阶级，动摇与崩溃形势是一样，动摇崩溃的程度却有差别。所以在全国革命高潮之下，革命可以在一省或几省重要省区首先胜利（在目前的形势看来以武汉为中心的附近省区客观条件更加成熟），在新的革命高潮日益接近的形势之下，准备一省与几省的首先胜利建立全国革命政权，成为目前战略的总方针。

（十一）一省与几省的首先胜利，是与全国革命高潮不可分离，"没有革命高潮的条件之下，这种胜利没有可能实现"（六次大会决议案）。因此要准备一省与几省的首先胜利，一定要注意全国工作的配合。……所以一省与几省的首先胜利是全国胜利的开始，只是全国革命进到更剧烈的争斗，决不会有什么"割据""偏安"的局面。任何一个省区都必须积极准备争取一省胜利的暴动，以与这一总的形势配合。所以在准备一省与几省首先胜利的时候，必须特别注意全国工作同时加紧，并且要注意与国际无产阶级斗争的联系，特别加紧中国革命在国际无产阶级中的宣传。

（十二）争取一省与几省首先胜利，无产阶级的伟大斗争是决定胜负的力量，没有工人阶级的罢工高潮，没有中心城市的武装暴动，决不能有一省与几省的胜利。不特别注意城市工作，想"以乡村包围城市"，"单凭红军来夺取城市"，是一种极错误的观念。所以组织政治罢工，扩大到总同盟罢工，加紧工人武装的组织与训练，以树立武装暴动的中心力量，是准备一省与几省首先胜利的主要策略。更要注意统治阶级要在城市作最后的挣扎，这残酷争斗必然比乡村更加厉害，所以要加倍的努力城市工作，在主要城市，尤其是在重要产业工人中，树立强固的基础，唤起广大群众拼死斗争的决心，是目前最严重的工作，是战略上首先要解决的问题。

——孙正龙主编，中共宿迁市委党史工作办公室编：《徐海蚌地区红十五军》，中共党史出版社2013年版，第29—34页

解读

1930年，中国共产党内部发生了以李立三为代表的"左"倾冒险主义错误，史称"立三路线"。1930年5月，蒋冯阎大战爆发，这是规模空前的新军阀大战。主持中共中央工作的李立三等认为革命时机已在全国范围内成熟。6月11日召开的中共中央政治局会议，通过李立三起草的《新的革命高潮与一省或几省首先胜利》的决议案。以李立三为代表的"左"倾冒险主义在党中央占据了统治地位。李立三"左"倾冒险错误形成的原因是多方面的，既有近代中国社会特殊的历史环境的影响，也有中国共产党自身的主观原因，还有共产国际错误指导的外部因素。

这次"左"倾冒险错误在党内统治的时间虽然只有三个多月，但中共为此付出了惨痛的代价。国民党统治区内，许多地方的党组织因为急于组织暴动而把原来的有限力量暴露出来，先后有十一个省委机关遭受破坏，武汉、南京等城市的党组织几乎全部被瓦解，红军在进攻大城市时也遭到很大损失。这次"左"倾冒险错误的推行，给中国革命造成了严重危害。

探究

根据材料，结合史实，分析"城市中心论"在当时的中国共产党内一度占据主导地位的原因。

文献选编 ▶

中国的红色政权为什么能够存在？（节选）

（一九二八年十月五日）

二　中国红色政权发生和存在的原因

　　一国之内，在四围白色政权的包围中，有一小块或若干小块红色政权的区域长期地存在，这是世界各国从来没有的事。这种奇事的发生，有其独特的原因。而其存在和发展，亦必有相当的条件。第一，它的发生不能在任何帝国主义的国家，也不能在任何帝国主义直接统治的殖民地，必然是在帝国主义间接统治的经济落后的半殖民地的中国。……第二，中国红色政权首先发生和能够长期地存在的地方，不是那种并未经过民主革命影响的地方，例如四川、贵州、云南及北方各省，而是在一九二六和一九二七两年资产阶级民主革命过程中工农兵士群众曾经大大地起来过的地方……第三，小地方民众政权之能否长期地存在，则决定于全国革命形势是否向前发展这一个条件。全国革命形势是向前发展的，则小块红色区域的长期存在，不但没有疑义，而且必然地要作为取得全国政权的许多力量中间的一个力量。……第四，相当力量的正式红军的存在，是红色政权存在的必要条件。若只有地方性质的赤卫队而没有正式的红军，则只能对付挨户团，而不能对付正式的白色军队。所以虽有很好的工农群众，若没有相当力量的正式武装，便决然不能造成割据局面，更不能造成长期的和日益发展的割据局面。所以"工农武装割据"的思想，是共产党和割据地方的工农群众必须充分具备的一个重要的思想。第五，红色政权的长期的存在并且发展，除了上述条件之外，还须有一个要紧的条件，就是共产党组织的有力量和它的政策的不错误。

六　军事根据地问题

边界党还有一个任务，就是大小五井和九陇两个军事根据地的巩固。永新、酃县、宁冈、遂川四县交界的大小五井山区，和永新、宁冈、茶陵、莲花四县交界的九陇山区，这两个地形优越的地方，特别是既有民众拥护、地形又极险要的大小五井，不但在边界此时是重要的军事根据地，就是在湘鄂赣三省暴动发展的将来，亦将仍然是重要的军事根据地。巩固此根据地的方法：第一，修筑完备的工事；第二，储备充足的粮食；第三，建设较好的红军医院。把这三件事切实做好，是边界党应该努力的。

——《毛泽东选集》（第一卷），人民出版社1991年版，第47—54页

解读

1927年秋，毛泽东领导湘赣边界农民发动秋收起义，进军井冈山，创建了中国第一个农村革命根据地。至1928年底，全国先后发动了一百多次武装起义，开辟了大小十几块根据地，然而面对敌强我弱，白色政权包围红色政权的严峻现实，党内有一些人怀疑革命根据地的前途，提出了"红旗到底打得多久"的疑问。

对此，1928年10月，毛泽东在宁冈茅坪主持召开了中共湘赣边界第二次代表大会，在其起草的《政治问题和边界党的任务》（即《中国的红色政权为什么能够存在》）中进一步总结了井冈山斗争和各地建立红色政权的经验，论证了中国红色政权发展的原因、条件，提出了"工农武装割据"的光辉思想。

探究

根据材料，结合史实，分析"农村包围城市"在当时中国发展的原因。

文献选编 ▶

反对本本主义（节选）

（一九三〇年五月）

一　没有调查，没有发言权

你对于某个问题没有调查，就停止你对于某个问题的发言权。这不太野蛮了吗？一点也不野蛮。你对那个问题的现实情况和历史情况既然没有调查，不知底里，对于那个问题的发言便一定是瞎说一顿。瞎说一顿之不能解决问题是大家明了的，那末，停止你的发言权有什么不公道呢？许多的同志都成天地闭着眼睛在那里瞎说，这是共产党员的耻辱，岂有共产党员而可以闭着眼睛瞎说一顿的吗？

要不得！

要不得！

注重调查！

反对瞎说！

三　反对本本主义

以为上了书的就是对的，文化落后的中国农民至今还存着这种心理。不谓共产党内讨论问题，也还有人开口闭口"拿本本来"。我们说上级领导机关的指示是正确的，决不单是因为它出于"上级领导机关"，而是因为它的内容是适合于斗争中客观和主观情势的，是斗争所需要的。不根据实际情况进行讨论和审察，一味盲目执行，这种单纯建立在"上级"观念上的形式主义的态度是很不对的。……

……马克思主义的"本本"是要学习的，但是必须同我国的实际情况相结合。我们需要"本本"，但是一定要纠正脱离实际情况的本本主义。

怎样纠正这种本本主义？只有向实际情况作调查。

七　调查的技术

（1）要开调查会作讨论式的调查

只有这样才能近于正确，才能抽出结论。那种不开调查会，不作讨论式的调查，只凭一个人讲他的经验的方法，是容易犯错误的。那种只随便问一下子，不提出中心问题在会议席上经过辩论的方法，是不能抽出近于正确的结论的。

（2）调查会到些什么人？

要是能深切明了社会经济情况的人。以年龄说，老年人最好，因为他们有丰富的经验，不但懂得现状，而且明白因果。有斗争经验的青年人也要，因为他们有进步的思想，有锐利的观察。以职业说，工人也要，农民也要，商人也要，知识分子也要，有时兵士也要，流氓也要。自然，调查某个问题时，和那个问题无关的人不必在座，如调查商业时，工农学各业不必在座。

（3）开调查会人多好还是人少好？

看调查人的指挥能力。那种善于指挥的，可以多到十几个人或者二十几个人。人多有人多的好处，就是在做统计时（如征询贫农占农民总数的百分之几），在做结论时（如征询土地分配平均分好还是差别分好），能得到比较正确的回答。自然人多也有人多的坏处，指挥能力欠缺的人会无法使会场得到安静。究竟人多人少，要依调查人的情况决定。但是至少需要三人，不然会囿于见闻，不符合真实情况。

（4）要定调查纲目

纲目要事先准备，调查人按照纲目发问，会众口说。不明了的，有疑义的，提起辩论。所谓"调查纲目"，要有大纲，还要有细目，如"商业"是个大纲，"布匹"，"粮食"，"杂货"，"药材"都是细目，布匹下再分"洋布"，"土布"，"绸缎"各项细目。

（5）要亲身出马

凡担负指导工作的人，从乡政府主席到全国中央政府主席，从大队长到总司令，从支部书记到总书记，一定都要亲身从事社会经济的实际调查，不能单靠书面报告，因为二者是两回事。

（6）要深入

初次从事调查工作的人，要作一两回深入的调查工作，就是要了解一处地方（例如一个农村、一个城市），或者一个问题（例如粮食问题、货币问题）的底里。深切地了解一处地方或者一个问题了，往后调查别处地方、别个问题，便容易找到门路了。

（7）要自己做记录

调查不但要自己当主席，适当地指挥调查会的到会人，而且要自己做记录，把调查的结果记下来。假手于人是不行的。

——《毛泽东选集》（第一卷），人民出版社1991年版，第109—118页

解读

《反对本本主义》是毛泽东1930年5月为反对当时中国工农红军中的教条主义思想而写的关于调查研究问题的重要著作，原名《调查工作》，这是毛泽东最早的一篇马克思主义哲学著作。

在这篇著作中，作者从认识论高度第一次鲜明地提出"没有调查，没有发言权""中国革命斗争的胜利要靠中国同志了解中国情况"等著名论断；阐明了社会调查的重要意义，以及调查的目的、对象、内容、方法和一些技术细节；揭露了教条主义的错误及其对革命事业的危害，批评了红军中一部分人安于现状、墨守成规、迷信"本本"、不愿作实际调查的保守思想，指明了从前调查方法的缺点和改进方向。文

中还表达了学习马克思主义必须同中国的实际情况相结合的思想，这是第一次明确提出党的思想路线。

探究

阅读材料并结合实际，思考这篇文章对我们今天调查研究工作有何启示。

▎文献选编▶

中华苏维埃共和国土地法令（节选）

（一九三一年十二月一日）

无产阶级所领导的农民斗争继续发展，日益高涨。帝国主义军阀虽然疯狂似的要来抵抗，可是苏维埃运动还是向上增长并且扩大，日益使中国的农民武装了自己，组织了红军，一县又一县的农民从数千年来在封建地主豪绅的压迫之下解放出来，没收并分配这些压迫者的土地，打倒了封建制度，消灭了国民党政权，建立了工农兵苏维埃政权。这个政权，是能够完成中国反帝国主义及土地革命的政权。

中华工农兵苏维埃第一次全国代表大会，批准没收地主的土地及其他大私有主的土地。为使没收和分配土地有一个统一的制度起见，第一次大会站在基本的农民群众与革命发展前途的利益基础上，采取下面的土地法令，作解决土地问题的最好的保障。

第一条　所有封建地主、豪绅、军阀、官僚及其他大私有主的土地，无论自己经营或出租，一概无任何代价的实行没收。被没收的土地，经过苏维埃由贫农与中农实行分配。被没收的旧土地所有者，不得有任何分配土地的权限。雇农、苦力、劳动农民均不分男女同样有分配土地的权限。乡村失业的劳动者，在农民群众赞成之下，可以同样分配土地。老弱残废以及孤寡，不能自己劳动，而且没有家属可依靠的人，应由苏维埃政府实行社会救济，或分配土地后，另行处理。

……

第十三条　地方苏维埃如在该环境应许条件之下，创办下列事业：一、开垦荒田；二、创办移民事业；三、改良现有的与建立新的灌溉；四、培植森林；五、加紧建设道路，创办企业，促进农村经济的发展。

——全国人大图书馆编：《中华苏维埃代表大会重要文献选编》，中国民主法制出版社2019年版，第333—334页

解读

中国共产党领导下的革命根据地，曾制定和发布土地改革法，使无地和少地的农民获得了土地。1928年12月的《井冈山土地法》和1929年4月的《兴国土地法》，都为《中华苏维埃共和国土地法令》总结了立法经验。

1931年中华工农兵苏维埃第一次全国代表大会正式通过了《中华苏维埃共和国土地法令》。规定没收地主、豪绅、军阀、官僚及其他大私有主的土地，经过苏维埃由贫农与中农实行分配。并且在此基础上，逐步摸索了一套比较切实可行的土地革命的路线、政策和方法，如依靠贫农，联合中农，限制富农，消灭地主阶级，变封建的土地所有制为农民的土地所有制；以乡为单位，按人口平均分配土地，在原耕地基础上，抽多补少，抽肥补瘦；等等。这使农村根据地的面貌得到改变，使农民迅速认清了国共两党和两个政权的优劣，极大地调动了他们支援革命战争、保卫和建设根据地的积极性。

探究

结合材料，认识中国共产党土地革命的内容和意义。

▌文献选编▶

中央关于反对敌人五次"围剿"的总结的决议
（遵义会议）（节选）

（一九三五年一月八日①政治局会议通过）

听了××同志关于五次"围剿"总结的报告及××同志②的副报告之后，政治局扩大会认为××同志的报告基本上是不正确的。

---

① 档案原件所标"一月八日"有误。这次在遵义召开的中央政治局扩大会议是于1935年1月15日开始，17日结束的。决议是在会后写成，并于2月8日中央政治局通过的（另有一份档案原件即标"1935年2月8日政治局会议通过"）。决议主要内容是遵义会议所定。

② 在会上做报告的是博古（即秦邦宪），做副报告的是周恩来。现存决议的各种版本中，这里和下文许多地方的姓名以"××"隐去。

一．党中央关于敌人五次"围剿"的决议中，曾经清楚的指出五次"围剿"是帝国主义与国民党的反动对于苏维埃革命运动的更加残酷的进攻，但同时指出了在这一剧烈的阶级决战中帝国主义国民党内部的弱点与革命形势的新的紧张化，这造成了国内阶级力量的对比有新的有利于我们的变动，得出了"在五次'围剿'中间我们有着比以前更充分的取得决战胜利的一切条件"的正确结论（一九三三年七月廿四日中央决议）。而××同志在他的报告中过分估计了客观的困难，把五次"围剿"不能在中央苏区粉碎的原因归罪于帝国主义国民党反动力量的强大，同时对于目前的革命形势却又估计不足，这必然会得出客观上五次"围剿"根本不能粉碎的机会主义的结论。

二．党中央根据于自己的正确估计，定出了反对敌人五次"围剿"的具体任务。一年半反对"围剿"的报告〔艰苦〕斗争，证明了党中央的政治路线无疑义的是正确的。特别中央苏区的党在中央直接领导之下，在动员广大工农群众参加革命战争方面，得到了空前的成绩。扩大红军运动成为群众的热潮。……一切这些造成了澈底粉碎五次"围剿"的有利条件。而××同志在他的报告中对于这些顺利的条件，显然是估计不足的。这种估计不足也必然得出在主观上我们没有法子粉碎"围剿"的结论。

三．应该指出在我们工作中还有许多严重的弱点，党对于白区广大工农群众反帝反国民党与日常斗争的领导依然没有显著的进步，游击战争的发展，与瓦解白军士兵工作依然薄弱，各苏区红军在统一战略意志之下的相互呼应与配合还是不够，这些弱点无疑的要影响到反对五次"围剿"的行动，成为五次"围剿"不能粉碎的重要原因。但决不应该以为这些弱点的存在乃是不能粉碎五次"围剿"的主要原因。……红军的英勇善战，模范的后方工作，广大群众的拥护，如果我们不能在军事领导上运用正确的战略战术，则战争的决定的胜利是不可能的。五次"围剿"不能在中央苏区粉碎的主要原因正在这里。

四．国民党蒋介石以及他的帝国主义的军事顾问等经过历次"围剿"失败之后，知道用"长驱直入"的战略战术同我们在苏区内作战是极端不利的。因此五次"围剿"中采用了持久战与堡垒主义的战略战术，企图逐渐消耗我们的有生力量与物质资材，紧缩我们的苏区，最后寻求我主力决战，以达到消灭我们的目的。

……

政治局扩大会号召全党同志以布尔什维克的坚定性反对一切张惶失措与悲观失望

的右倾机会主义，首先反对单纯防御路线。政治局扩大会更号召全党同志象一个人一样团结在中央的周围，为党中央的总路线奋斗到底，胜利必然是我们的。

——中央档案馆编：《中共中央文件选集》（第十册），中共中央党校出版社1991年版，第452—474页

解读

1935年1月遵义会议尖锐地批评"左"倾军事路线，根据多数人的意见，委托张闻天起草《中央关于反对敌人五次"围剿"的总结的决议》。决议批判了"左"倾冒险主义的军事路线，重新肯定了以毛泽东为代表的正确军事路线。遵义会议后不久，中央政治局常委重新分工，由张闻天替代博古总负责；以毛泽东为周恩来在军事指挥上的帮助者。

遵义会议在中国革命最危急的关头，依据民主集中制的原则，独立自主地解决了党中央的组织问题，结束了王明"左"倾错误在中央长达四年之久的统治，确立了毛泽东在党中央和红军中的领导地位。

探究

结合遵义会议的内容和影响，论述"遵义会议是中共独立自主解决中国自身的问题，是中共从幼稚走向成熟的重要标志"。

第六讲

❦

中华民族的抗日战争

阶段特征

1931年日本侵略者发动九一八事变，侵占东北三省，激起中国民众的抗日救亡怒潮。中国局部抗战由此开始。1936年张学良、杨虎城受中共抗日民族统一战线政策的感召，发动西安事变，逼蒋抗日。西安事变和平解决后，全国团结抗战局面初步形成。1937年卢沟桥事变爆发，中国全民族抗战，国共合作抗日局面形成。国民党正面战场和共产党敌后战场战略配合，有效打击了日本侵略者。中国共产党在极端困难的条件下坚持抗战，起到了中流砥柱的作用。中国战场是世界反法西斯战争的东方主战场，为世界反法西斯战争的胜利作出了重要贡献。1945年8月，日本无条件投降，历时十四年的抗日战争获得胜利。

▎文献选编▶

田中义一大将的"奏议"（节选）

（1927年7月25日）

内阁总理大臣田中义一，率领群臣诚惶诚恐谨以我帝国对"满蒙"积极的根本政策奏闻。

对"满蒙"的积极对策

所谓"满蒙"就是指奉天（省）、吉林（省）、黑龙江（省）及内外蒙古而言。这里，不仅地广人稀令人歆羡，而农矿森林的丰富也是世界无比。因此，我国为了开发其富源，以培养帝国永久繁荣，特设"南满洲铁道株式会社"，在假借中日共存共荣的美名下，对该地的铁路、海运、森林、铁矿、农业、畜产等各方面投资达四亿四千万日圆，这个企业实在是我国企业中规模最庞大的一个。

……

东三省是亚洲的一个政治上不完整的地方，我日本如欲保护自己的安全，并进而保护他国居民的安全，就必须使用铁血，这样才能突破当前的困难局面。然而，如果采取铁血主义来保全东三省，那么第三者的美国必将受到中国以夷制夷的煽动，起来制止我国。这样一来，我国就要被迫与美国进行角逐。

过去的日俄战争实际上是中日战争，将来如欲控制中国，必须首先打倒美国势力，这和日俄战争大同小异。如欲征服中国必先征服"满蒙"；如欲征服世界，必先征服中国。

倘若中国完全被我国征服，其他如小亚细亚、印度、南洋等地异服的民族必然会敬畏我国而向我投降，使全世界认识到亚洲是属于我国的，而永远不敢侵犯我国。这是明治大帝的遗策，也是我日本帝国存立上的必要大事。

考虑我国现状和将来，如欲建立昭和新政，必须采取积极夺取"满蒙"利权的方

94

针，并借利权发展贸易。这样，不仅能制止中国工业的发展，还能避免欧美势力的东渐，良策妙计莫过于此。

"满蒙"利权果真归我所有，那么，就可以用"满蒙"作基地，假借贸易来征服中国四百余州，就可以利用"满蒙"的权利作为司令塔来攫取整个中国富源，再利用中国的富源，征服印度及南洋群岛，并进而征服中小亚细亚以及欧洲。我大和民族为了向亚洲大陆发展，第一个重大关键就在于掌握"满蒙"利权。

为建立昭和新政并实现我帝国的恒久兴盛，采取积极夺取"满蒙"利权的政策是惟一办法。

"满蒙"并非中国领土

最不幸的是：日俄战争时，我国在宣战布告上明确承认"满蒙"是中国领土，而在华盛顿会议上签订的九国条约也认为"满蒙"是中国领土，因此在外交上不得不承认中国的主权。由于以上二个错误，给我国在"满蒙"权益遗留下祸患。

我国今后要利用一切机会，使全世界知晓有关"满蒙"主权的"真相"，并趁着机会以渐进方式向内外蒙古扩张以使大陆得到"新生"。

……

新大陆的开发和"满蒙"的铁路

交通既是国际交往的工具和战争胜利的保证，又是经济上的堡垒。我国所修建的铁路大部分在"南满"，尚未进入物产丰富的北满，这是特别遗憾的。

"南满"地方居住着很多中国人，这对于我国的国防和经济是不利的。我国如欲开发其富源和巩固国防，必须大力建设"北满"的铁路。

已有的"满铁"路线，主要是经济性的铁路，而非循环线路，极不适于战时动员和军事运输。

……

我国利用这一时机，勇往直前以完成我国的修建铁路的目的，同时，如果再极力进行煽动，使"奉票"进一步暴跌，那么，奉天政府的财政必然重蹈赤俄财政的复辙，这是拭目可待的，到那时，他们也就没有能力开发"满蒙"了。

……

95

有必要设立拓殖省

我国对"满蒙"经营复杂多端,因此主管官厅之间往往意见纷歧,莫衷一是,以致有利于国家的事业也得不到迅速进展。并且有许多我国浪人被奉天省政府所收买,专门从事侦察我国对满蒙措施,因此,一件事尚在审议中就被中国方面所探知,从而传入全世界的耳目,很快地就引起各国舆论对我的掣肘,这样,不止一次地在对"满蒙"措施上,尝到苦头。同时,反对党也经常把在"满蒙"方面探知的情况向中央提出,以作为反对执政党的材料。

特别是在今后,我国对"满蒙"应该改变方针,以便勇往迈进,所以,有必要把领导的中心集中到东京来。这样,第一、便于保密;第二、可以防止中国政府探听机密;第三、事前可以避免招致各国疑虑;第四、可以革除对"满蒙"四头政治的流弊;第五、内阁和满蒙的关系可以趋于紧密,以便集中全力对付中国。

拟设立拓殖省,使其专管侵略满洲事项,特别要以掌管台湾、朝鲜、库页岛为名,而实际上以对满蒙扩张为目的,这样,可以蒙混世界的耳目,并防止暴露国内的不统一。

如果设立拓殖省,把对"满蒙"事务的中心集中到东京,使在"满蒙"的我国官员只能按照命令行事,而不能随地参预经营计划的话,也就自然能够严守秘密,使对方国家无从察知我拓殖秘密,国际舆论也就得不到对我进行先发制人的材料了。

对于从"满铁"分离出去独立经营的各种企业,如劝业公司、土地公司、信托公司等营利公司的监督及经营的权限,也划归拓殖省统一掌握,以便实现帝国向满蒙扩张的根本政策,并完成建设新大陆的计划。

——日本历史学研究会编,金锋等译:《太平洋战争史》(第一卷),商务印书馆1959年版,第224—232页

解读

1927年6月至7月,田中义一内阁召开东方会议,讨论对华政策问题,商讨并制定了吞并中国东北和内蒙古的计划。会后田中义一把会议内容以奏折形式报告给天皇,内称"如欲征服中国必先征服'满蒙';如欲征服世界,必先征服中国"。该奏折提出了侵略中国的具体计划,后来日本帝国主义即按照此政策不断扩大对中国的侵略,

"田中奏折"充分暴露了日本帝国主义的侵略野心。

探究

阅读文献，概括"田中奏折"中反映的日本对华侵略的具体计划。

文献选编▶

张学良、杨虎城关于抗日救国八项主张的通电

（1936年12月12日）

南京中央执行委员会国民政府林主席钧鉴、暨各院部会勋鉴、各绥靖主任各总司令各省主席各救国联合会各机关各法团各报馆各学校均鉴：

东北沦亡，时逾五载。国权凌夷，疆土日蹙，淞沪协定屈辱于前，塘沽、何梅协定继之于后，凡属国人，无不痛心。近来国际形势豹变，相互勾结，以我国家民族为牺牲。绥东战起，群情鼎沸，士气激昂。丁此时机，我中枢领袖应如何激励军民发动全国之整个抗战! 乃前方之守土将士浴血杀敌, 后方之外交当局仍力谋妥协。自上海爱国冤狱爆发, 世界震惊, 举国痛心, 爱国获罪, 令人发指。蒋委员长介公受群小包围, 弃绝民众, 误国咎深, 学良等涕泣进谏, 屡遭重斥。日昨西安学生举行爱国行动, 竟嗾使警察枪杀爱国幼童, 稍具人心, 孰忍于此! 学良等多年袍泽, 不忍坐视, 因对介公作最后之争谏, 保其安全, 促其反省。西北军民一致主张如下:

(一)改组南京政府, 容纳各党各派, 共同负责救国。

(二)停止一切内战。

(三)立即释放上海被捕之爱国领袖。

(四)释放全国一切政治犯。

(五)开放民众爱国运动。

(六)保障人民集会结社一切政治自由。

(七)确实遵行总理遗嘱。

(八)立即召开救国会议。

以上八项, 为我等及西北军民一致之救国主张, 望诸公俯顺舆情, 开成采纳, 为国家开将来一线之生机, 涤已往误国之愆尤。大义当前, 不容反顾, 只求于救亡主张贯彻, 有济于国家。为功为罪, 一听国人之处置。临电不胜迫切待命之至!

张学良 杨虎城 朱绍良 马占山 于学忠 陈 诚 邵力子 蒋鼎文

陈调元 卫立煌 钱大钧 何柱国 冯钦哉 孙蔚如 陈继承 王以哲

万耀煌 董英斌 缪澂流等叩文。

——郝建生编著:《西安事变前后的周恩来》, 中央文献出版社2004年版, 第388—389页

解读

1936年10月22日, 蒋介石飞抵西安, 分别召见张学良、杨虎城等, 宣布进一步的"剿共"计划, 威逼他们向红军进攻。张学良、杨虎城此后多次劝谏蒋介石停止内战, 联共抗日, 蒋介石却坚持"剿共"。1936年12月9日, 西安爆发学生运动, 要求国民党当局积极抗日, 过程中军警开枪, 打伤学生, 张学良向蒋介石传达学生诉求,

依然遭到拒绝。于是张、杨二人决定对蒋介石采取行动。

1936年12月12日，张学良、杨虎城两位将军出于民族大义，毅然在西安举行"兵谏"，扣留蒋介石，通电全中国，迫使蒋停止内战，联共抗日。张、杨深明大义，其主张得到了国内外人士的赞赏，蒋介石被迫同意停止内战、一致抗日，西安事变得以和平解决。此举结束了十年内战，促成了第二次国共合作。

探究

分析西安事变能够和平解决的原因。

文献选编▶

中共中央为公布国共合作宣言

（一九三七年七月十五日）

亲爱的同胞们：

中国共产党中央委员会谨以极大的热忱向我全国父老兄弟诸姑姊妹宣言，当此国难极端严重民族生命存亡绝续之时，我们为着挽救祖国的危亡，在和平统一团结御侮的基础上，已经与中国国民党获得了谅解，而共赴国难了。这对于我们伟大的中华民族前途有着怎样重大的意义啊！因为大家都知道，在民族生命危急万状的现在，只有我们民族内部的团结，才能战胜日本帝国主义的侵略。现在民族团结的基础已经定下了，我们民族独立自由解放的前提也已创设了，中共中央特为我们民族的光明灿烂的前途庆贺。

不过我们知道，要把这个民族的光辉前途变为现实的独立自由幸福的新中国，仍需要全国同胞，每一个热血的黄帝子孙，坚韧不拔地努力奋斗。中国共产党愿当此时机，向全国同胞提出我们奋斗之总的目标，这就是：

（一）争取中华民族之独立自由与解放。首先须切实地迅速地准备与发动民族革命抗战，以收复失地和恢复领土主权之完整。

（二）实现民权政治，召开国民大会，以制定宪法与规定救国方针。

（三）实现中国人民之幸福与愉快的生活。首先须切实救济灾荒，安定民生，发展国防经济，解除人民痛苦与改善人民生活。

凡此诸项，均为中国的急需，以此悬为奋斗之鹄的，我们相信必能获得全国同胞之热烈的赞助。中共愿在这个总纲领的目标下，与全国同胞手携手地一致努力。（中国共产党以拯救中华民族为第一要务，反映了中国人民的抗战意愿，真切地表达了抗战决心）

中共深切知道，在实现这个崇高目标的前进路上，须要克服许多的障碍和困难，首先将遇到日本帝国主义的阻碍和破坏。为着取消敌人的阴谋之借口，为着解除一切善意的怀疑者之误会，中国共产党中央委员会有披沥自己对于民族解放事业的赤忱之必要。因此，中共中央再郑重向全国宣言：

一、孙中山先生的三民主义为中国今日之必需，本党愿为其彻底的实现而奋斗。

二、取消一切推翻国民党政权的暴动政策及赤化运动，停止以暴力没收地主土地的政策。

三、取消现在的苏维埃政府，实行民权政治，以期全国政权之统一。

四、取消红军名义及番号，改编为国民革命军，受国民政府军事委员会之统辖，并待命出动，担任抗日前线之职责。（中国共产党认同三民主义，取消苏维埃政府与红军番号，接受国民政府的统一领导，真诚地表达了与国民党团结抗日的愿望）

亲爱的同胞们！本党这种光明磊落大公无私与委曲求全的态度，早已向全国同胞在言论行动上明白表示出来，并且已获得同胞们的赞许。现在为求得与国民党的精诚团结，巩固全国的和平统一，实行抗日的民族革命战争，我们准备把这些诺言中的形式上尚未实行的部分，如苏区取消、红军改编等，立即实行，以便用统一团结的全国力量，抵抗外敌的侵略。

寇深矣！祸亟矣！同胞们，起来，一致地团结啊！我们伟大的悠久的中华民族是不可屈服的。起来，为巩固民族的团结而奋斗！为推翻日本帝国主义的压迫而奋斗！胜利是属于中华民族的！

抗日战争胜利万岁！

独立自由幸福的新中国万岁！

中国共产党中央委员会

——中共中央文献研究室、中央档案馆编：《建党以来重要文献选编》（第十四册），中央文献出版社2011年版，第369—371页

解读

《中共中央为公布国共合作宣言》是中国共产党为争取建立抗日民族统一战线，促成第二次国共合作的重要文件。七七事变发生后，举国震惊。1937年7月9日，红军通电全国，请缨抗日。但是国民党当局对战局缺乏明确判断和正确方针，其内部对此也是议论纷纷，莫衷一是。于是蒋介石邀请各方人士在庐山举行谈话会，听取他们对国事的意见。周恩来、博古（秦邦宪）、林伯渠参加了庐山谈判，为了推动抗日统一战线的建立，7月15日将《中共中央为公布国共合作宣言》送交蒋介石，作为国共合作的基础，要求予以发表。

不过，蒋介石对中共宣言的态度十分冷淡，这个宣言是周恩来于1937年7月4日起草的，7月15日由中共中央正式交付国民党，至9月22日国民党中央通讯社才发表。9月23日，蒋介石发表谈话，承认中国共产党的合法地位，国共合作正式实现，抗日民族统一战线正式形成。

探究

查阅资料，分析抗日民族统一战线形成的原因。

文献选编▶

论持久战（节选）

（一九三八年五月）

问题的提起

（一）伟大抗日战争的一周年纪念，七月七日，快要到了。全民族的力量团结起来，坚持抗战，坚持统一战线，同敌人作英勇的战争，快一年了。这个战争，在东方历史上是空前的，在世界历史上也将是伟大的，全世界人民都关心这个战争。身受战争灾难、为着自己民族的生存而奋斗的每一个中国人，无日不在渴望战争的胜利。然而战争的过程究竟会要怎么样？能胜利还是不能胜利？能速胜还是不能速胜？很多人都说持久战，但是为什么是持久战？怎样进行持久战？很多人都说最后胜利，但是为什么会有最后胜利？怎样争取最后胜利？这些问题，不是每个人都解决了的，甚至是大多数人至今没有解决的。于是失败主义的亡国论者跑出来向人们说：中国会亡，最后胜利不是中国的。某些性急的朋友们也跑出来向人们说：中国很快就能战胜，无需乎费大气力。这些议论究竟对不对呢？我们一向都说：这些议论是不对的。……我们共产党人，同其他抗战党派和全国人民一道，唯一的方向，是努力团结一切力量，战胜万恶的日寇。今年七月一日，是中国共产党建立的十七周年纪念日。为了使每个共产党员在抗日战争中能够尽其更好和更大的努力，也有着重地研究持久战的必要。因此，我的讲演就来研究持久战。……

……

（五）于是问题是：中国会亡吗？答复：不会亡，最后胜利是中国的。中国能够速胜吗？答复：不能速胜，抗日战争是持久战。……

问题的根据

（九）抗日战争为什么是持久战？最后胜利为什么是中国的呢？根据在什么地方呢？

中日战争不是任何别的战争，乃是半殖民地半封建的中国和帝国主义的日本之间在二十世纪三十年代进行的一个决死的战争。全部问题的根据就在这里。……

持久战的三个阶段

（三五）中日战争既然是持久战，最后胜利又将是属于中国的，那末，就可以合理地设想，这种持久战，将具体地表现于三个阶段之中。第一个阶段，是敌之战略进攻、我之战略防御的时期。第二个阶段，是敌之战略保守、我之准备反攻的时期。第三个阶段，是我之战略反攻、敌之战略退却的时期。三个阶段的具体情况不能预断，但依目前条件来看，战争趋势中的某些大端是可以指出的。……

结论

（一一九）结论是什么呢？结论就是："在什么条件下，中国能战胜并消灭日本帝国主义的实力呢？要有三个条件：第一是中国抗日统一战线的完成；第二是国际抗日统一战线的完成；第三是日本国内人民和日本殖民地人民的革命运动的兴起。就中国人民的立场来说，三个条件中，中国人民的大联合是主要的。"……"如果这些条件不能很快实现，战争就要延长。但结果还是一样，日本必败，中国必胜。只是牺牲会大，要经过一个很痛苦的时期。"……"争取抗战胜利的中心关键，在使已经发动的抗战发展为全面的全民族的抗战。只有这种全面的全民族的抗战，才能使抗战得到最后的胜利。""由于当前的抗战还存在着严重的弱点，所以在今后的抗战过程中，可能发生许多挫败、退却，内部的分化、叛变，暂时和局部的妥协等不利的情况。因此，应该看到这一抗战是艰苦的持久战。但我们相信，已经发动的抗战，必将因为我党和全国人民的努力，冲破一切障碍物而继续地前进和发展。"（一九三七年八月《中共中央关于目前形势与党的任务的决定》）这些就是结论。亡国论者看敌人如神物，看自己如草芥，速胜论者看敌人如草芥，看自己如神物，这些都是错误的。我们的意见相反：抗日战争是持久战，最后胜利是中国的——这就是我们的结论。

——《毛泽东选集》（第二卷），人民出版社1991年版，第439—515页

解读

该文是毛泽东1938年5月写的一篇研究抗日战争的军事论著，同年在延安抗日战争研究会上作了讲演。这篇著作是毛泽东思想体系中关于军事战略的代表作之一，也是一篇马克思主义哲学著作，被称为"应用哲学"或"实践哲学"。

毛泽东在文章中详细分析了抗日战争是持久战、最后胜利属于中国的依据，预见了抗日战争要经过的三个阶段，为如何争取抗日战争的最后胜利指明了方向，极大地鼓舞和增强了中国人民的抗战信心。他对战争规律的阐释及其对战争发展的预见，使这篇著作享有盛誉，被列入了"世界十大军事论著"之一。

探究

阅读材料，思考毛泽东《论持久战》一文对于中国人民抗日战争发挥的作用。

文献选编 ▶

新民主主义论（节选）

（一九四〇年一月）

一　中国向何处去

抗战以来，全国人民有一种欣欣向荣的气象，大家以为有了出路，愁眉锁眼的姿态为之一扫。但是近来的妥协空气，反共声浪，忽又甚嚣尘上，又把全国人民打入闷葫芦里了。特别是文化人和青年学生，感觉锐敏，首当其冲。于是怎么办，中国向何处去，又成为问题了。因此，趁着《中国文化》的出版，说明一下中国政治和中国文化的动向问题，或者也是有益的。……

二　我们要建立一个新中国

我们共产党人，多年以来，不但为中国的政治革命和经济革命而奋斗，而且为中国的文化革命而奋斗；一切这些的目的，在于建设一个中华民族的新社会和新国家。在这个新社会和新国家中，不但有新政治、新经济，而且有新文化。这就是说，我们不但要把一个政治上受压迫、经济上受剥削的中国，变为一个政治上自由和经济上繁荣的中国，而且要把一个被旧文化统治因而愚昧落后的中国，变为一个被新文化统治因而文明先进的中国。一句话，我们要建立一个新中国。建立中华民族的新文化，这就是我们在文化领域中的目的。

四　中国革命是世界革命的一部分

中国革命的历史特点是分为民主主义和社会主义两个步骤，而其第一步现在已不是一般的民主主义，而是中国式的、特殊的、新式的民主主义，而是新民主主义。……

……

很清楚的，中国现时社会的性质，既然是殖民地、半殖民地、半封建的性质，它就决定了中国革命必须分为两个步骤。第一步，改变这个殖民地、半殖民地、半封建的社会形态，使之变成一个独立的民主主义的社会。第二步，使革命向前发展，建立一个社会主义的社会。中国现时的革命，是在走第一步。

五　新民主主义的政治

在中国，事情非常明白，谁能领导人民推翻帝国主义和封建势力，谁就能取得人民的信仰，因为人民的死敌是帝国主义和封建势力、而特别是帝国主义的缘故。在今日，谁能领导人民驱逐日本帝国主义，并实施民主政治，谁就是人民的救星。历史已经证明：中国资产阶级是不能尽此责任的，这个责任就不得不落在无产阶级的肩上了。

所以，无论如何，中国无产阶级、农民、知识分子和其他小资产阶级，乃是决定国家命运的基本势力。这些阶级，或者已经觉悟，或者正在觉悟起来，他们必然要成为中华民主共和国的国家构成和政权构成的基本部分，而无产阶级则是领导的力量。现在所要建立的中华民主共和国，只能是在无产阶级领导下的一切反帝反封建的人们联合专政的民主共和国，这就是新民主主义的共和国，也就是真正革命的三大政策的新三民主义共和国。

……

国体——各革命阶级联合专政。政体——民主集中制。这就是新民主主义的政治，这就是新民主主义的共和国，这就是抗日统一战线的共和国，这就是三大政策的新三民主义的共和国，这就是名副其实的中华民国。我们现在虽有中华民国之名，尚无中华民国之实，循名责实，这就是今天的工作。

这就是革命的中国、抗日的中国所应该建立和决不可不建立的内部政治关系，这就是今天"建国"工作的唯一正确的方向。

六　新民主主义的经济

在中国建立这样的共和国，它在政治上必须是新民主主义的，在经济上也必须是新民主主义的。

……

中国的经济，一定要走"节制资本"和"平均地权"的路，决不能是"少数人所得而私"，决不能让少数资本家少数地主"操纵国民生计"，决不能建立欧美式的资本主义社会，也决不能还是旧的半封建社会。谁要是敢于违反这个方向，他就一定达不到目的，他就自己要碰破头的。

这就是革命的中国、抗日的中国应该建立和必然要建立的内部经济关系。

这样的经济，就是新民主主义的经济。

而新民主主义的政治，就是这种新民主主义经济的集中的表现。

一五　民族的科学的大众的文化

民族的科学的大众的文化，就是人民大众反帝反封建的文化，就是新民主主义的文化，就是中华民族的新文化。

新民主主义的政治、新民主主义的经济和新民主主义的文化相结合，这就是新民主主义共和国，这就是名副其实的中华民国，这就是我们要造成的新中国。

新中国站在每个人民的面前，我们应该迎接它。

新中国航船的桅顶已经冒出地平线了，我们应该拍掌欢迎它。

举起你的双手吧，新中国是我们的。

——《毛泽东选集》（第二卷），人民出版社1991年版，第662—709页

解读

1939年1月召开的国民党五届五中全会制定了"溶共、防共、限共、反共"的方针，并不断掀起反共高潮，同时在思想文化战线上大肆宣扬排斥共产党的"一个主义、一个政党、一个领袖"的观点，散布政治、文化专制的谬论。1939年9月，抗日战争进入相持阶段不到一年，第二次世界大战爆发，英、美、法等帝国主义国家极力劝说蒋介石对日媾和，企图以牺牲中国来求得日本的妥协。日本也因战线太长而改变了对华政策，对国民党采取了政治诱降为主、军事打击为辅的方针，把主要精力用于对付共产党领导的抗日根据地。

共产党和革命队伍内部，对中国民主革命的理论、策略的认识并没有完全取得统一，幻想民主革命和社会主义革命可以"毕其功于一役"。为了回答"中国该怎么办？中国向何处去？"这些问题，毛泽东批驳了各种错误观点，给中国人民指明了前进的方向。

探究

查阅资料，分析《新民主主义论》创作的历史背景及意义。

文献选编 ▶

国民政府对日宣战文

（1941年12月9日）

日本军阀夙以征服亚洲，并独霸太平洋为其国策，数年以来，中国不顾一切牺牲，继续抗战，其目的不仅在保卫中国之独立生存，实欲打破日本之侵略野心，维护国际公法、正义及人类福利与世界和平，此中国政府屡经声明者。中国为酷爱和平之民族，过去四年余之神圣抗战，原期侵略者之日本于遭受实际之惩创后，终能反省。在此时期，各友邦亦极端忍耐，冀其悔祸，俾全太平洋之和平，得以维持。不料残暴成性之日本，执迷不悟，且更悍然向我英美诸友邦开衅，扩大其战争侵略行动，甘为破坏全人类和平与正义之戎首，逞其侵略无餍之野心，举凡尊重信义之国家，咸属忍无可忍。兹特正式对日宣战，昭告中外，所有一切条约、协定、合同，有涉及中日间之关系者，一律废止，特此布告。

中华民国三十年十二月九日，主席林森

——张海鹏主编：《台湾光复史料汇编（第一编）·政府文件选编（一）》，重庆出版社2017年版，第1页

解读

自1937年七七事变后，中日两国已处于战争状态，但国民政府却一直未对日本宣战。1941年12月，日本偷袭珍珠港，发动太平洋战争，后美国和英国正式对日宣战，日本也对美、英宣战。在这种情况下，国民政府才随美、英决定正式对日宣战。12月9日，国民政府主席林森分别签署了国民政府对日宣战布告和对德、意宣战布告。

探究

结合所学知识，具体分析中国抗日战争在世界反法西斯战争中发挥的作用。

文献选编 ▶

中美英三国促令日本投降之波茨坦公告（节选）

（1945年）

一、余等：美国总统、中国国民政府主席及英国首相代表余等亿万国民，业经会商，并同意对日本应予以一机会，以结束此次战事。

二、美国、英帝国及中国之庞大陆海空部队，业已增强多倍。其由西方调来之军队及空军，即将予日本以最后之打击，彼此之武力受所有联合国之决心之支持及鼓励，对日作战，直至其停止抵抗为止。

三、德国无效果及无意识抵抗全世界激起之自由人之力量，所得之结果，彰彰在前，可为日本人民之殷鉴。

此种力量当其对付抵抗之纳粹时，不得不将德国人民全体之土地工业及其生活方式摧残殆尽。但现在集中对待日本之力量则较之更为庞大，不可衡量。

吾等之军力，加以吾人之坚决意志为后盾，若予以全部实施，必将使日本军队完全毁灭，无可逃避，而日本之本土亦必终归全部摧毁。

四、现时业已到来，日本必须决定一途，其将继续受其一意孤行计算错误，使日本帝国已陷于完全毁灭之境之军人之统制，抑或走向理智之路？（以美、英、中三国军事实力相震慑，劝说日本投降）

五、以下为吾人之条件，吾人决不更改，亦无其他另一方式。犹豫迁延，更为吾人所不容许。

六、欺骗及错误领导日本人民使其妄欲征服世界者之威权及势力，必须永久剔除。盖吾人坚持非将负责之穷兵黩武主义驱出世界，则和平安全及正义之新秩序势不可能。

七、直至如此之新秩序成立时，及直至日本制造战争之力量业已毁灭，有确实可信之证据时，日本领土上经盟国指定之地点，必须占领，俾吾人在此陈述之基本目的得以完成。

八、开罗公告之条件必将实施，而日本之主权必将限于本州、北海道、九州、四国及吾人所决定其他小岛之内。

……

十二、上述目的达到及依据日本人民自由表示之意志成立一倾向和平及负责之政府以后，同盟国占领军队当即撤退。

十三、吾人通告日本政府立即宣布所有日本武装部队无条件投降，并对此种行动诚意实行予以适当及充分之保证。除此一途，日本即将迅速完全毁灭。

——徐辰编著：《宪制道路与中国命运：中国近代宪法文献选编（1840—1949）》（下卷），中央编译出版社2017年版，第286—287页

解读

1945年5月，德国法西斯无条件投降，欧洲反法西斯战争胜利结束。欧洲战事结束后，1945年7—8月，为商讨对战后德国的处置问题以及争取苏联尽早对日作战，中、美、英三国首脑在柏林附近的波茨坦举行战时最后一次会议。7月26日，发表了《中美英三国促令日本投降之波茨坦公告》（简称《波茨坦公告》），要求日本立即无条件投降。这对加速反法西斯战争的彻底胜利具有积极意义。

探究

了解二战中同盟国召开的开罗会议、波茨坦会议、雅尔塔会议等会议的内容，并分析这些会议对二战后国际格局的影响。

文献选编 ▶

停战诏书

（1945年8月14日）

朕深鉴于世界大势及帝国之现状，欲采取非常之措施，以收拾时局，兹告尔等臣民，朕已饬令帝国政府通告美英中苏四国愿接受其联合公告。（日本承认侵略战争已经无法进行下去，因此接受美英中苏四国联合公告，并向其投降）

盖谋求帝国臣民之康宁，同享万邦共荣之乐，斯乃皇祖皇宗之遗范，亦为朕所拳拳服膺者。前者，帝国所以向美英两国宣战，实亦为希求帝国之自存与东亚之安定而出此，至如排斥他国主权，侵犯其领土，固非朕之本志。然自交战以来，已阅四载。虽陆海将兵勇敢善战，百官有司励精图治，一亿众庶之奉公，各尽所能，而战局并未好转，世界大势亦不利于我。加之，敌方最近使用残酷之炸弹，频杀无辜，惨害所及，真未可逆料。如仍继续交战，则不仅导致我民族之灭亡，并将破坏人类之文明。如此，则朕将何以保全亿兆之赤子，陈谢于皇祖皇宗之神灵。此朕所以饬帝国政府接受联合公告者也。（为战争辩解，谎称战争的目的是为自己的生存和东亚的安定，停战的理由是保全日本人民的生命安全）

朕对于始终与帝国同为东亚解放而努力之诸盟邦，不得不深表遗憾；念及帝国臣民之死于战阵、殉于职守、毙于非命者及其遗属，则五脏为之俱裂；至于负战伤、蒙战祸、损失家业者之生计，亦朕所深为轸念者也。今后帝国所受之苦难固非寻常，朕亦深知尔等臣民之衷情，然时运之所趋，朕欲忍其所难忍，堪其所难堪，以为万世开太平。

朕于兹得以维护国体，信倚尔等忠良臣民之赤诚，并常与尔等臣民同在。如情之所激，妄滋事端，或者同胞互相排挤，扰乱时局，因而迷误大道，失信义于世界，此朕所深戒。宜举国一致，子孙相传，确信神州之不灭，念任重而道远，倾全力于将来之建设，笃守道义，坚定志操，誓必发扬国体之精华，不致落后于世界之进化。尔等

112

臣民其克体朕意。

御名　御玺

昭和二十年八月十四日

各国务大臣副署

——复旦大学历史系编译：《日本帝国主义对外侵略史料选编（1931—1945）》，上海人民出版社1983年版，第551—552页

解读

美国在广岛、长崎投下原子弹和苏联对日宣战后，1945年8月，裕仁天皇公开广播接受《波茨坦公告》的诏书，宣告日本正式投降。

侵华战争以日本的惨败而告终，世界反法西斯同盟取得了重大胜利，尤其是中国军民，经过十四年艰苦的抗日战争，取得了前所未有的反侵略战争的胜利。然而，日本政府千方百计为战争辩解，说明他们对战争给被侵略国与日本人民带来的深重灾难认识不足。正因为如此，日本右翼势力一直无法坦诚面对这段丑恶的侵略史，仍不断试图为当年日本发动的侵华战争翻案，为日本对华的血腥侵略史实涂脂抹粉，甚至对昔日的甲级战犯顶礼膜拜。

探究

阅读文献，全面认识日本《停战诏书》的内涵。

第七讲

❦

人民解放战争

阶段特征

　　抗日战争胜利后，共产党和国民党已成为决定中国命运的两大政党。国民党政府坚持独裁和内战的方针，企图依靠美国政府的经济、军事支持和自身的军事优势，发动内战，消灭共产党所领导的解放区和人民军队。中国共产党力图避免内战，争取通过和平的道路来建设新中国。为了表明自己争取和平民主的诚意，1945年8月底，毛泽东、周恩来等亲赴重庆进行和平谈判，经过四十三天谈判，国共双方最后达成《政府与中共代表会谈纪要》，即《双十协定》。

　　1946年6月，蒋介石撕毁停战协定，向中原解放区发动大规模进攻，全面内战由此爆发。1948年9月至1949年1月，人民解放军相继发动了辽沈、淮海、平津三大战役，歼灭国民党军队一百五十四万余人，基本上摧毁了国民党的主要军事力量。1949年4月21日，人民解放军百万雄师分三路强渡长江，国民党苦心经营三个半月的长江防线顷刻瓦解。4月23日，人民解放军占领国民党的统治中心南京，宣告了国民党反动统治的覆灭。

文献选编▶

蒋介石邀请毛泽东谈判的电文和毛泽东的复电（六则）

一九四五年八月十四日—八月二十四日

（1）

万急，延安　毛泽东先生勋鉴：

倭寇投降，世界永久和平局面，可期实现，举凡国际国内各种重要问题，亟待解决。特请先生克日惠临陪都，共同商讨，事关国家大计，幸勿吝驾。临电不胜迫切悬盼之至。蒋中正未寒（八月十四日）。

（原载1945年8月16日重庆《新华日报》）

（2）

重庆　蒋委员长勋鉴：

未寒电悉。朱德总司令本日午有一电给你，陈述敝方意见，待你表示意见后，我将考虑和你会见的问题。毛泽东未铣（八月十六日）。

（原载1945年8月21日重庆《大公报》）

（3）

延安　毛泽东先生勋鉴：

来电诵悉，期待正殷，而行旌迟迟未发，不无歉然。朱总司令电称一节，似于现在受降程序未尽明了。查此次受降办法，系由盟军总部所规定，分行各战区，均予依照办理，中国战区亦然。自未便以朱总司令之一电，破坏我对盟军共同之信守。朱总司令对于执行命令，往往未能贯彻。然事关对内妨碍犹小，今于盟军所已规定者亦倡异议，则对我国家与军人之人格将置于何地？朱总司令果为一爱国爱民之将领，只有严守纪律，恪遵军令，完成我抗战建国之使命。抗战八年，全国同胞日在水深火热之中，一旦解放，必须有以安辑之而鼓舞之，未可蹉跎延误。大战方告结束，内争不容再有。深念足下体念国家之艰危，悯怀人民之疾苦，共同戮力，从事建设。如何以建

116

国之功收抗战之果，其有赖于先生之惠然一行，共商大计，则受益拜惠，岂仅个人而已哉！特再驰电奉邀，务恳惠诺为感。蒋中正哿（八月二十日）。

（原载1945年8月21日重庆《新华日报》）

（4）

重庆　蒋委员长勋鉴：

从中央社新闻电中，得读先生复电，兹为团结大计，特先派周恩来同志前来进谒，希予接洽为恳。毛泽东未养（八月二十二日）延安。

（原载1945年8月24日《新华日报》）

（5）

延安　毛泽东先生勋鉴：

未养电诵悉，承派周恩来先生来渝洽商，至为欣慰。惟目前各种重要问题，均待与先生面商，时机迫切，仍盼先生能与恩来先生惠然偕临，则重要问题方得迅速解决，国家前途实利赖之。兹已准备飞机迎迓，特再驰电速驾。蒋中正梗（八月二十三日）。

（原载1945年8月25日重庆《新华日报》）

（6）

特急，重庆　蒋介石先生勋鉴：

梗电诵悉。甚感盛意。鄙人亟愿与先生会见，共商和平建国之大计，俟飞机到，恩来同志立即赴渝进谒，弟亦准备随即赴渝。晤教有期，特此奉复。毛泽东敬（八月二十四日）。

（原载1945年8月26日重庆《大公报》）

——彭明主编：《中国现代史资料选辑·第六册（1945—1949）》，中国人民大学出版社1989年版，第1—2页

解读

日本政府宣布无条件投降后，国内外形势发生急速变化。全国人民热烈欢庆抗战胜利，用各种方式表达对于和平建国的强烈愿望。美、苏两国在中国问题上达成某

种妥协，希望国共两党举行和平谈判、停止内战。在这种形势下，蒋介石于1945年8月14日、20日、23日接连发出三封电报，邀请中共中央主席毛泽东到重庆进行和平谈判，共同商讨"国际国内各种重要问题"。但与此同时，蒋介石又先后密令各战区进行"剿匪"的军事部署。

即便如此，为了尽一切可能争取和平，揭露美国和蒋介石的阴谋，团结教育人民，毛泽东、周恩来、王若飞等到达重庆与国民党谈判。他们表达了中国共产党真和平的决心，从而使国民党在政治上陷入被动，共产党争取到了政治主动权，有力推动了国统区的民主运动。

探究

阅读电文，感受国共两党领导人在抗日战争胜利后的心理状态。分析抗日战争后的国内外形势，了解美国、国民党、中共、民主党派和人民群众等不同群体的政治主张。

▌文献选编▶

政府与中共代表会谈纪要（节选）
（双十协定）

（一九四五年十月十日）

中国国民政府蒋主席于抗战胜利后，邀请中国共产党中央委员会主席毛泽东先生，商讨国家大计。……兹特发表会谈纪要如下：

一、关于和平建国的基本方针，一致认为：中国抗日战争业已结束，和平建国的新阶段，即将开始，必须共同努力，以和平、民主、团结、统一为基础，并在蒋主席领导之下，长期合作，坚决避免内战，建设独立、自由和富强的新中国，澈底实行三民主义。双方又同认蒋主席所倡导之政治民主化、军队国家化、及党派平等合法，为达到和平建国必由之途径。

二、关于政治民主化问题，一致认为应迅速结束训政，实施宪政，并应先采必要步骤，由国民政府召开政治协商会议，邀集各党派代表及社会贤达协商国是，讨论和平建国方案及召开国民大会各项问题。现双方正与各方洽商政治协商会议名额、组织及其职权等项问题，双方同意一俟洽商完毕，政治协商会议即应迅速召开。

三、关于国民大会问题，中共方面提出：重选国民大会代表，延缓国民大会召开日期及修改国民大会组织法、选举法和五五宪法草案等三项主张。政府方面表示：国民大会已选出之代表，应为有效，其名额可使之合理的增加和合法的解决，五五宪法草案原曾发动各界研讨，贡献修改意见。因此，双方未能成立协议。但中共方面声明：中共不愿见因此项问题之争论而破裂团结。同时双方均同意将此问题提交政治协商会议解决。

四、关于人民自由问题，一致认为政府应保证人民享受一切民主国家人民在平时应享受身体、信仰、言论、出版、集会、结社之自由，现行法令当依此原则，分别予以废止或修正。

五、关于党派合法问题，中共方面提出：政府应承认国民党、共产党及一切党派的平等合法地位。政府方面表示：各党派在法律之前平等，本为宪政常轨，今可即行承认。

六、关于特务机关问题，双方同意政府应严禁司法和警察以外机关有拘捕、审讯和处罚人民之权。

七、关于释放政治犯问题，中共方面提出：除汉奸以外之政治犯，政府应一律释放。政府方面表示：政府准备自动办理，中共可将应释放之人提出名单。

八、关于地方自治问题，双方同意各地应积极推行地方自治，实行由下而上的普选，惟政府希望不以此影响国民大会之召开。

九、关于军队国家化问题，中共方面提出：政府应公平合理地整编全国军队，确定分期实施计划，并重划军区，确定征补制度，以谋军令之统一。……政府方面表示，全国整编计划正在进行，此次提出商谈之各项问题，果能全盘解决，则中共所领导的抗日军队缩编至二十个师的数目，可以考虑。关于驻地问题，可由中共方面提出方案，讨论决定。……

十、关于解放区地方政府问题，中共方面提出：政府应承认解放区各级民选政府的合法地位。政府方面表示：解放区名词在日本投降以后，应成为过去，全国政令必须统一。……

十一、关于奸伪问题，中共方面提出：严惩汉奸，解散伪军。政府方面表示：此在原则上自无问题，惟惩治汉奸要依法律行之，解散伪军亦须妥慎办理，以免影响当地安宁。

十二、关于受降问题，中共方面提出：重划受降地区，参加受降工作。政府方面表示：参加受降工作，在已接受中央命令之后，自可考虑。

中华民国三十四年国庆纪念日于重庆

王世杰　张　群　张治中

邵力子　周恩来　王若飞

——中央档案馆编：《中共中央文件选集》（第十五册），中共中央党校出版社1991年版，第326—330页

解读

1945年10月10日，国共双方代表在重庆经历了四十三天的谈判，正式签署了《政府与中共代表会谈纪要》，即《双十协定》。协定共十二条。蒋介石同意中共提出的和平建国的基本方针。政治民主化是达到和平建国的必由途径，军队国家化是谈判焦点。

《双十协定》签订后，1946年1月10日，政治协商会议在重庆开幕，分别就政府改组问题、施政纲领问题、军事问题、国民大会问题和宪法草案问题，分组开展讨论，并通过了《政协协议》。但是由于《双十协定》不利于蒋介石的独裁统治，签订后，蒋介石根本不打算遵守，在其自认为军事部署完成之后，就推翻了《双十协定》，撕毁《政协协议》。1946年6月，全面内战爆发。

探究

了解抗日战争胜利后国共两党谈判的焦点，梳理国共两党关系的演变。

▌文献选编▶

杜鲁门对华政策的声明（节选）

（一九四五年十二月十五日）

"美国政府认为际此崭新及希望无壤的时代，举世未来之和平及繁荣，端赖参加联合国组织之国家团结一致，共谋集体安全。

"美国政府坚信一个强盛的、团结的和民主的中国对联合国组织之成功及世界和平最为重要。一个因外国侵略，有如日本所进行的、或因猛烈内部斗争而呈无组织状态与分裂的中国，乃是对目前及将来世界的稳定与和平一个破坏性的影响。

"美国政府久已承认下列原则，即国内事务之管理为各自主国家人民之责任。可是，本世纪之事变表示、如世界上任何地方和平破裂，即将威胁整个世界的和平。因此，美国及一切联合国家所最迫切关心者厥为中国人民切勿忽视以和平谈判的方法迅速调整他们内部分歧的机会。

"美国政府相信下列两点极关重要：（一）国民政府与中国共产党及中国其他意见不同的武装部队之间应协商停止敌对行动，以求得整个中国完全归还中国的有效的管制，包括立即撤退日军在内。

"（二）召开全国主要政党代表会议，以谋早日解决目前的内争——以促成中国之统一。

"美国及其他联合国家承认目前中华民国国民政府为中国唯一合法政府。为达到统一中国目标之恰当机构。

"美国与联合王国由于一九四三年的开罗宣言，同时苏维埃社会主义共和国联盟由于加入本年七月波茨顿〔即波茨坦，编者注〕宣言及一九四五年八月中苏条约，均有义务，保证中国之解放，包括满洲归还中国管制在内。这些协定均与中华民国国民政府缔结者。

……

"美国深知目前中国国民政府是一党政府,并相信如果此政府的基础加以扩大容纳国内其他政治党派的话,即将推进中国的和平、团结和民主的改革。因此,美国竭力主张中国国内各主要政治党派的代表举行全国会议从而商定办法,使他们在中国国民政府内得享有公平和有效的代表权。美国政府认为此举就需要修改中华民国国父孙逸仙博士所建立作为国家向民主进展之临时办法的一党训政制度。

"自治性的军队例如共产党军队那样之存在乃与中国政治团结不相符合,且实际上使政治团结不能实现。广泛代议制政府一经设立,上述自治性军队及中国一切武装部队应有效地合成一中国国民军。

——中央档案馆编:《中共中央文件选集》(第十五册),中共中央党校出版社1991年版,第498—500页

解读

这份声明反映了控制中国是美国全球战略的重要组成部分。美国在中国妄图建立一个稳定统一的亲美反共政府。为此,它就必须先"阻止共产党安全控制中国",维护美国在华利益。

探究

阅读美国杜鲁门总统的这份"对华声明",分析二战后美国的对华政策。

文献选编 ▶

最后一次的讲演（节选）

这几天，大家晓得，在昆明出现了历史上最卑劣，最无耻的事情！李先生究竟犯了什么罪，竟遭此毒手？他只不过用笔写写文章，用嘴说说话，而他所写的，所说的，都无非是一个没有失掉良心的中国人的话！大家都有一枝笔，有一张嘴，有什么理由拿出来讲啊！有事实拿出来说啊！（闻先生声音激动了）为什么要打要杀，而且又不敢光明正大的来打来杀，而偷偷摸摸的来暗杀！（鼓掌）这成什么话？（鼓掌）

今天，这里有没有特务？你站出来，是好汉的站出来！你出来讲！凭什么要杀死李先生？（厉声，热烈的鼓掌）杀死了人，又不敢承认，还要诬蔑人，说什么"桃色案件"，说什么共产党杀共产党，无耻啊！无耻啊！（热烈的鼓掌）这是某集团的无耻，恰是李先生的光荣！李先生在昆明被暗杀，是李先生留给昆明的光荣！也是昆明人的光荣！（鼓掌）

去年"一二·一"昆明青年学生为了反对内战，遭受屠杀，那算是青年的一代，献出了他们最宝贵的生命！现在李先生为了争取民主和平，而遭受了反动派的暗杀，我们骄傲一点说，这算是像我这样大年纪的一代，我们的老战友，献出了最宝贵的生命。这两桩事发生在昆明，这算是昆明无限的光荣！（热烈的鼓掌）

反动派暗杀李先生的消息传出后，大家听了悲愤痛恨。我心里想，这些无耻的东西，不知他们是怎么想法，他们的心理是什么状态，他们的心是怎样长的！（锤击桌子）其实很简单，（低沉渐离）他们这样疯狂的来制造恐怖，正是他们自己在慌啊！在害怕啊！所以他们制造恐怖，其实是他们自己在恐怖啊！特务们，你们想想，你们还有几天？你们完了，快完了！你们以为打伤几个，杀死几个，就可以了事，就可以把人民吓倒了吗？其实广大的人民是打不尽的，杀不完的，要是这样可以的话，世界上早没有人了。你们杀死了一个李公朴，会有千百万个李公朴站起来！你们将失去千百万的人民！你们看着我们人少，没有力量？告诉你们，我们的力量大得很！多得很！看今天来的这些人，都是我们的人，都是我们的力量！此外还有广大的市民！

我们有这个信心：人民的力量是要胜利的，真理是永远存在的，历史上没有一个反人民的势力不被人民毁灭的！希特勒，墨索里尼不都在人民之前倒下去了吗？翻开历史看看，你们还站得住几天！你们完了，快完了！我们的光明就要出现了。我们看，光明就在我们的眼前，而现在正是黎明之前那个最黑暗的时候。我们有力量打破这个黑暗，争到光明！我们的光明，就是反动派的末日！（热烈的鼓掌）

……

"一二•一"是昆明的光荣，是云南人民的光荣，云南有光荣的历史，远的如护国，这不用说了，近的如"一二•一"，都是属于云南人民的，我们要发扬云南光荣的历史！（听众表示接受）

反动派挑拨离间，卑鄙无耻，你们看见联大走了，学生放暑假了，便以为我们没有力量了吗？特务们！你们错了！你们看看今天到会的一千多青年，又握起手来了，我们昆明的青年决不会让你们这样蛮横下去的！

反动派，你看见一个倒下去，可也看得见千百个继起的！

正义是杀不完的，因为真理永远存在！（鼓掌）

历史赋予昆明的任务是争取民主和平，我们昆明的青年必须完成这任务！

我们不怕死，我们有牺牲的精神，我们随时像李先生一样，前脚跨出大门，后脚就不准备再跨进大门！（长时间热烈的鼓掌）

——闻一多：《闻一多经典》，当代世界出版社2016年版，第56—58页

▣ 解读 ▣

1946年7月11日，著名的爱国民主战士李公朴先生在昆明遇害。7月15日，追悼李公朴先生的大会召开，闻一多先生主持了这次大会，会上混入了国民党分子，在李公朴夫人进行血泪控诉的过程中，他们毫无顾忌，说笑取闹，扰乱会场，使得人们忍无可忍。李夫人刚刚离开讲台，闻一多先生就拍案而起，满腔悲愤地发表了这一篇演讲。会后闻一多先生又参加了记者招待会，在返家途中，被特务分子暗杀。这篇演讲就成了他的"最后一次的讲演"。

在讲演中闻一多先生对以蒋介石为首的国民党反动派的倒行逆施做出了深刻的揭露和批判。这篇讲演感情强烈，爱憎分明，富有感染力和战斗力。这是一次非常成功

的讲演，是一篇激励的战斗檄文，是一个唤起人民觉醒的施号令，同时也是爱国民主人士的战斗宣言！

▪探究▪

阅读闻一多的即席演讲，感受民主斗士李公朴、闻一多不畏牺牲、争取民主和平的勇气。

▌文献选编▶

中美友好通商航海条约（节选）

（一九四六年十一月四日）

中华民国，美利坚合众国，为欲借适应两国人民精神、文化、经济、及商务愿望之条款所规定，足以增进彼此领土间友好往还之办法，以加强两国间悠久幸存之和好联系及友谊结合，爰决订立《友好通商航海条约》。……议定条款如下：

第一条

（一）中华民国，与美利坚合众国间，应常保和好，永敦睦谊。

（二）缔约此方之政府，应有派遣正式外交代表至缔约彼方之政府之权利。此等外交代表，应受接待，并应在该缔约彼方领土内，本相互之原则，享受通常承认之国际法原则所给予之权利、优例及豁免。

第二条

（一）缔约此方之国民，应许其进入缔约彼方之领土，并许其在该领土全境内居住、旅行及经商。于享受居住及旅行之权利时，缔约此方之国民，在缔约彼方领土内，应遵照依法组成之官厅现在或将来所施行之有关法律规章（倘有此项法律规章时），但不应受不合理之干涉，并除其本国主管官厅所发给之（甲）有效护照，或（乙）其他身份证明文件外，应无须申请或携带任何旅行文件。

（二）缔约此方之国民，在缔约彼方领土全境内，应许其不受干涉……

（三）缔约双方之国民，于享受本条第一及第二两款所规定之权利及优例时，其所享受之待遇，无论如何，不得低于现在或将来所给予任何第三国国民之待遇。

……

第二十九条

……

（二）本约中任何规定，不得解释为对于中华民国三十二年一月十一日，中华民国与美利坚合众国在华盛顿所签订关于取消美国在华治外法权及处理有关问题条约及所附换文所给予之权利优例及优惠，加以任何限制。

——龚古今、恽修编：《第一次世界大战以来帝国主义侵华文件选辑》，生活·读书·新知三联书店1958年版，第313—333页

解读

1946年11月4日，中、美两国政府签订了《中美友好通商航海条约》，共三十条。条约名义上确定了签字国双方平等的经济互惠原则，如两国公民在对方土地上有对等的权利、两国的法人团体在对方领土上享受同样的权利、两国货物进出口对方国家时在征税问题上享受对等的优惠等。但由于中、美两国经济实力的不平等，中国无

力从条约中获得实际利益，反而是经济实力雄厚的美国获得更多益处，有了向中国倾销商品的合法有利条件。

《中美友好通商航海条约》强化了美国在华的政治经济特权，便利了美国对华的经济侵略，使得国统区经济崩溃，加速了国民政府的瓦解。

探究

概括《中美友好通商航海条约》的内容，分析其实质影响。

文献选编▶

中国土地法大纲（节选）

（中国共产党全国土地会议1947年9月13日通过）

第一条　废除封建性及半封建性剥削的土地制度，实行耕者有其田的土地制度。
第二条　废除一切地主的土地所有权。

第三条　废除一切祠堂、庙宇、寺院、学校、机关及团体的土地所有权。

第四条　废除一切乡村中在土地制度改革以前的债务。（中共中央注：本条所称应予废除之债务，系指土地改革前劳动人民所欠地主富农高利贷者的高利贷债务。）

第五条　乡村农民大会及其选出的委员会，乡村无地少地的农民所组织的贫农团大会及其选出的委员会，区、县、省等级农民代表大会及其选出的委员会为改革土地制度的合法执行机关。

第六条　除本法第九条乙项所规定者外，乡村中一切地主的土地及公地，由乡村农会接收，连同乡村中其他一切土地，按乡村全部人口，不分男女老幼，统一平均分配，在土地数量上抽多补少，质量上抽肥补瘦，使全乡村人民均获得同等的土地，并归各人所有。（中共中央注：在平分土地时应注意中农的意见，如果中农不同意则应向中农让步，并容许中农保有比较一般贫农所得土地的平均水平为高的土地量。在老区半老区平分土地时，应按照一九四八年二月二十二日中共中央关于在老区半老区进行土地改革工作与整党工作的指示进行。）

第七条　土地分配，以乡或等于乡的行政村为单位，但区或县农会得在各乡或等于乡的各行政村之间，作某些必要的调剂。在地广人稀地区，为便于耕种起见，得以乡以下的较小单位分配土地。

第八条　乡村农会接收地主的牲畜、农具、房屋、粮食及其他财产，并征收富农的上述财产的多余部分，分给缺乏这些财产的农民及其他贫民，并分给地主同样的一份。分给各人的财产归本人所有，使全乡村人民均获得适当的生产资料及生活资料。

第九条　若干特殊的土地及财产之处理办法，规定如下：

（甲）山林、水利、芦苇地、果园、池塘、荒地及其他可分土地，按普通土地的标准分配之。

（乙）大森林、大水利工程、大矿山、大牧场、大荒地及湖沼等，归政府管理。

（丙）名胜古迹，应妥为保护。被接收的有历史价值或学术价值的特殊的图书、古物、美术品等，应开具清单，呈交各地高级政府处理。

（丁）军火武器及满足农民需要后余下的大宗货币、资财、粮食等物，应开具清单，呈交各地高级政府处理。

……

第十一条　分配给人民的土地，由政府发给土地所有证，并承认其自由经营、买卖及在特定条件下出租的权利。土地制度改革以前的土地契约及债约，一律缴销。

第十二条　保护工商业者的财产及其合法的营业，不受侵犯。

第十三条　为贯彻土地改革的实施，对于一切违抗或破坏本法的罪犯，应组织人民法庭予以审判及处分，人民法庭由农民大会或农民代表会所选举及由政府所委派的人员组成之。

第十四条　在土地制度改革期间，为保持土地改革的秩序及保护人民的财富，应由乡村农民大会或其委员会指定人员，经过一定手续，采取必要措施，负责接收、登记，清理及保管一切转移的土地及财产，防止破坏、损失、浪费及舞弊。农会应禁止任何人为着妨碍公平分配之目的而任意宰杀牲畜，砍伐树木，破坏农具、水利、建筑物、农作物或其他物品，及进行偷窃、强占、私下赠送、隐瞒、埋藏、分散、贩卖这些物品的行为。违者应受人民法庭的审判及处分。

第十五条　为保证土地改革中一切措施符合于绝大多数人民的利益及意志，政府负责切实保障人民的民主权利，保障农民及其代表有全权得在各种会议上自由批评及弹劾各方各级的一切干部，有全权得在各种相当会议上自由撤换及选举政府及农民团体中的一切干部。侵犯上述人民民主权利者，应受人民法庭的审判及处分。

第十六条　在本法公布以前土地业已平均分配的地区，如农民不要求重分时，可不重分。

——陈洪主编：《"中国近现代史纲要"阅读文献汇编与导读》，重庆大学出版社2014年版，第204—205页

解读

1947年9月中国共产党全国土地会议通过了《中国土地法大纲》，其主要内容是：规定彻底废除封建性及半封建性剥削的土地制度；规定实行耕者有其田的土地制度；规定保护民族工商业的发展；规定设立人民法庭。

《中国土地法大纲》的公布与实行总结了中国共产党二十多年土地革命的基本经验教训，是一个正确的土地纲领，它体现了土地改革的总路线，调动了农民革命与生产的积极性，对解放战争胜利和新中国成立起到了决定性的作用。

探究

根据《中国土地法大纲》内容，评价其积极作用，并归纳中共各个阶段土地政策的演变。

文献选编 ▶

将革命进行到底（节选）

（一九四八年十二月三十日）

中国人民将要在伟大的解放战争中获得最后胜利，这一点，现在甚至我们的敌人也不怀疑了。

战争走过了曲折的道路。国民党反动政府在发动反革命战争的时候，他们军队的数量约等于人民解放军的三倍半，他们军队的装备和人力物力的资源，更是远远地超过了人民解放军，他们拥有人民解放军所缺乏的现代工业和现代交通工具，他们获得美国帝国主义在军事上、经济上的大量援助，并且他们是经过了长期的准备的。……国民党的主力在长江以北被消灭的结果，大大地便利了人民解放军今后渡江南进解放全中国的作战。同军事战线上的胜利同时，中国人民在政治战线上和经济战线上也取得了伟大的胜利。因为这样，中国人民解放战争在全国范围内的胜利，现在在全世界的舆论界，包括一切帝国主义的报纸，都完全没有争论了。

敌人是不会自行消灭的。无论是中国的反动派，或是美国帝国主义在中国的侵略势力，都不会自行退出历史舞台。正是因为他们看到了中国人民解放战争在全国范围内的胜利，已经不能用单纯的军事斗争的方法加以阻止，他们就一天比一天地重视政治斗争的方法。中国反动派和美国侵略者现在一方面正在利用现存的国民党政府来进行"和平"阴谋，另一方面则正在设计使用某些既同中国反动派和美国侵略者有联系，又同革命阵营有联系的人们，向他们进行挑拨和策动……

现在摆在中国人民、各民主党派、各人民团体面前的问题，是将革命进行到底呢，还是使革命半途而废呢？如果要使革命进行到底，那就是用革命的方法，坚决彻底干净全部地消灭一切反动势力，不动摇地坚持打倒帝国主义，打倒封建主义，打倒官僚资本主义，在全国范围内推翻国民党的反动统治，在全国范围内建立无产阶级领导的以工农联盟为主体的人民民主专政的共和国。这样，就可以使中华民族来一个大翻身，由半殖民地变为真正的独立国，使中国人民来一个大解放，将自己头上的封建的压迫和官僚资本（即中国的垄断资本）的压迫一起掀掉，并由此造成统一的民主的和平局面，造成由农业国变为工业国的先决条件，造成由人剥削人的社会向着社会主义社会发展的可能性。……

……

中国革命的怒潮正在迫使各社会阶层决定自己的态度。中国阶级力量的对比正在发生着新的变化。大群大群的人民正在脱离国民党的影响和控制而站到革命阵营一方面来，中国反动派完全陷入孤立无援的绝境。人民解放战争愈接近于最后胜利，一切革命的人民和一切人民的朋友将愈加巩固地团结一致，在中国共产党的领导之下，坚决地主张彻底消灭反动势力，彻底发展革命势力，一直达到在全中国范围内建立人民民主共和国，实现统一的民主的和平。……把伟大的人民解放战争进行到底。

一九四九年中国人民解放军将向长江以南进军，将要获得比一九四八年更加伟大的胜利。

一九四九年我们在经济战线上将要获得比一九四八年更加伟大的成就。我们的农业生产和工业生产将要比过去提高一步，铁路公路交通将要全部恢复。人民解放军主力兵团的作战将要摆脱现在还存在的某些游击性，进入更高程度的正规化。

一九四九年将要召集没有反动分子参加的以完成人民革命任务为目标的政治协商会议，宣告中华人民共和国的成立，并组成共和国的中央政府。这个政府将是一个在中国共产党领导之下的、有各民主党派各人民团体的适当的代表人物参加的民主联合政府。

这些就是中国人民、中国共产党、中国一切民主党派和人民团体在一九四九年所应努力求其实现的主要的具体的任务。我们将不怕任何困难团结一致地去实现这些任务。

几千年以来的封建压迫，一百年以来的帝国主义压迫，将在我们的奋斗中彻底地推翻掉。一九四九年是极其重要的一年，我们应当加紧努力。

——《毛泽东选集》（第四卷），人民出版社1991年版，第1372—1380页

解读

《将革命进行到底》是毛泽东为新华社写的1949年新年献词，高屋建瓴地阐述中国政治形势，科学指导中国革命发展前途，指出中国各个阶层应当采取的态度，引领中国人民迎来新中国诞生，表明坚决将中国革命进行到底的信念。

探究

阅读并感受1949年中共新年献词《将革命进行到底》的磅礴气势。

文献选编 ▶

论人民民主专政（节选）

纪念中国共产党二十八周年

（一九四九年六月三十日）

一九四九年的七月一日这一个日子表示，中国共产党已经走过二十八年了。像一个人一样，有他的幼年、青年、壮年和老年。中国共产党已经不是小孩子，也不是十几岁的年青小伙子，而是一个大人了。人到老年就要死亡，党也是这样。阶级消灭了，作为阶级斗争的工具的一切东西，政党和国家机器，将因其丧失作用，没有需要，逐步地衰亡下去，完结自己的历史使命，而走到更高级的人类社会。……

我们党走过二十八年了，大家知道，不是和平地走过的，而是在困难的环境中走过的，我们要和国内外党内外的敌人作战。谢谢马克思、恩格斯、列宁和斯大林，他们给了我们以武器。这武器不是机关枪，而是马克思列宁主义。

列宁在一九二○年在《共产主义运动中的"左派"幼稚病》一书中，描写过俄国人寻找革命理论的经过。俄国人曾经在几十个年头内，经历艰难困苦，方才找到了马克思主义。中国有许多事情和十月革命以前的俄国相同，或者近似。封建主义的压迫，这是相同的。经济和文化落后，这是近似的。两个国家都落后，中国则更落后。先进的人们，为了使国家复兴，不惜艰苦奋斗，寻找革命真理，这是相同的。

……

"你们独裁。"可爱的先生们，你们讲对了，我们正是这样。中国人民在几十年中积累起来的一切经验，都叫我们实行人民民主专政，或曰人民民主独裁，总之是一样，就是剥夺反动派的发言权，只让人民有发言权。

人民是什么？在中国，在现阶段，是工人阶级，农民阶级，城市小资产阶级和民族资产阶级。这些阶级在工人阶级和共产党的领导之下，团结起来，组成自己的国家，选举自己的政府，向着帝国主义的走狗即地主阶级和官僚资产阶级以及代表这些阶级的国民党反动派及其帮凶们实行专政，实行独裁，压迫这些人，只许他们规规矩矩，不许他们乱说乱动。如要乱说乱动，立即取缔，予以制裁。对于人民内部，则实行民主制度，人民有言论集会结社等项的自由权。选举权，只给人民，不给反动派。这两方面，对人民内部的民主方面和对反动派的专政方面，互相结合起来，就是人民民主专政。

为什么理由要这样做？ 大家很清楚。不这样，革命就要失败，人民就要遭殃，国家就要灭亡。

……

我们的二十八年，就大不相同。我们有许多宝贵的经验。一个有纪律的，有马克思列宁主义的理论武装的，采取自我批评方法的，联系人民群众的党。一个由这样的党领导的军队。一个由这样的党领导的各革命阶级各革命派别的统一战线。这三件是我们战胜敌人的主要武器。这些都是我们区别于前人的。依靠这三件，使我们取得了基本的胜利。我们走过了曲折的道路。我们曾和党内的机会主义倾向作斗争，右的和"左"的。凡在这三件事上犯了严重错误的时候，革命就受挫折。错误和挫折教训了我们，使我们比较地聪明起来了，我们的事情就办得好一些。任何政党，任何个人，错误总是难免的，我们要求犯得少一点。犯了错误则要求改正，改正得越迅速，越彻底，越好。

总结我们的经验，集中到一点，就是工人阶级（经过共产党）领导的以工农联盟为基础的人民民主专政。这个专政必须和国际革命力量团结一致。这就是我们的公式，这就是我们的主要经验，这就是我们的主要纲领。

……

我们必须克服困难，我们必须学会自己不懂的东西。我们必须向一切内行的人们（不管什么人）学经济工作。拜他们做老师，恭恭敬敬地学，老老实实地学。不懂就是不懂，不要装懂。不要摆官僚架子。钻进去，几个月，一年两年，三年五年，总可以学会的。苏联共产党人开头也有一些人不大会办经济，帝国主义者也曾等待过他们的失败。但是苏联共产党是胜利了，在列宁和斯大林领导之下，他们不但会革命，也会建设。他们已经建设起来了一个伟大的光辉灿烂的社会主义国家。苏联共产党就是我们的最好的先生，我们必须向他们学习。国际和国内的形势都对我们有利，我们完全可以依靠人民民主专政这个武器，团结全国除了反动派以外的一切人，稳步地走到目的地。

——《毛泽东选集》（第四卷），人民出版社1991年版，第1468—1481页

▣ 解 读 ▣

《论人民民主专政》一文，总结中国革命的历史经验，提出了人民民主专政这一科学概念，奠定了中国人民民主专政国家政权的理论基础和政策基础，丰富了马克思主义国家学说，为即将成立的新中国和新政协会议做了政治理论准备，对中华人民共和国宪法的制定具有重要的指导意义。

▣ 探 究 ▣

理解"人民民主专政"概念，指出其理论价值和现实意义。

第八讲

❧

中华人民共和国成立与社会主义建设

阶段特征

从1949年至1956年，是新民主主义社会向社会主义社会过渡时期，也是新中国国民经济恢复时期。新中国在"一穷二白"的基础上建立了独立的比较完整的工业体系和国民经济体系。

1956年，中共八大召开，会议正确分析了中国社会的主要矛盾和主要任务，提出要把我国尽快地从落后的农业国变为先进的工业国。由于忽视经济发展的客观规律，加上自然灾害等因素，1959—1961年，我国经济发生了严重困难。1960年冬，中共中央开始对国民经济的政策进行调整，经济形势开始好转。1966年，"文化大革命"爆发，直到1976年才宣告结束。

虽然这一时期社会主义建设历经波折，但是也取得了一系列重要成果。国防方面，成功地爆炸了原子弹、氢弹，试制并成功发射了中远程弹道导弹和人造卫星。外交方面，中华人民共和国恢复在联合国的一切合法权利，中美关系正常化，中日建交，开创了外交新局面。

文献选编 ▶

中国人民政治协商会议共同纲领（节选）

（1949年9月29日中国人民政治协商会议第一届全体会议通过）

序　言

中国人民解放战争和人民革命的伟大胜利，已使帝国主义、封建主义和官僚资本主义在中国的统治时代宣告结束。中国人民由被压迫的地位变成为新社会新国家的主人，而以人民民主专政的共和国代替那封建买办法西斯专政的国民党反动统治。中国人民民主专政是中国工人阶级、农民阶级、小资产阶级、民族资产阶级及其他爱国民主分子的人民民主统一战线的政权，而以工农联盟为基础，以工人阶级为领导。由中国共产党、各民主党派、各人民团体、各地区、人民解放军、各少数民族、国外华侨及其他爱国民主分子的代表们所组成的中国人民政治协商会议，就是人民民主统一战线的组织形式。中国人民政治协商会议代表全国人民的意志，宣告中华人民共和国的成立，组织人民自己的中央政府。中国人民政治协商会议一致同意以新民主主义即人民民主主义为中华人民共和国建国的政治基础，并制定以下的共同纲领，凡参加人民政治协商会议的各单位、各级人民政府和全国人民均应共同遵守。

第一章　总纲

第一条　中华人民共和国为新民主主义即人民民主主义的国家，实行工人阶级领导的、以工农联盟为基础的、团结各民主阶级和国内各民族的人民民主专政，反对帝国主义、封建主义和官僚资本主义，为中国的独立、民主、和平、统一和富强而奋斗。

第二条　中华人民共和国中央人民政府必须负责将人民解放进行到底，解放中国全部领土，完成统一中国的事业。

第三条　中华人民共和国必须取消帝国主义国家在中国的一切特权，没收官僚资本归人民的国家所有，有步骤地将封建半封建的土地所有制改变为农民的土地所有制，保护国家的公共财产和合作社的财产，保护工人、农民、小资产阶级和民族资产阶级的经济利益及其私有财产，发展新民主主义的人民经济，稳步地变农业国为工业国。

第四条　中华人民共和国人民依法有选举权和被选举权。

第五条　中华人民共和国人民有思想、言论、出版、集会、结社、通讯、人身、居住、迁徙、宗教信仰及示威游行的自由权。

第六条　中华人民共和国废除束缚妇女的封建制度。妇女在政治的、经济的、文化教育的、社会的生活各方面，均有与男子平等的权利。实行男女婚姻自由。

第七条　中华人民共和国必须镇压一切反革命的活动，严厉惩罚一切勾结帝国主义、背叛祖国、反对人民民主事业的国民党反革命战争罪犯和其他怙恶不悛的反革命首要分子。对于一般的反动分子、封建地主、官僚资本家，在解除其武装、消灭其特殊势力后，仍须依法在必要时期内剥夺他们的政治权利，但同时给以生活出路，并强迫他们在劳动中改造自己，成为新人，假如他们继续进行反革命活动，必须予以严厉的制裁。

第八条　中华人民共和国国民均有保卫祖国、遵守法律、遵守劳动纪律、爱护公共财产、应征公役兵役和缴纳赋税的义务。

第二章　政权机关

第十二条　中华人民共和国的国家政权属于人民。人民行使国家政权的机关为各级人民代表大会和各级人民政府。各级人民代表大会由人民用普选方法产生之。各级人民代表大会选举各级人民政府，各级人民代表大会闭会期间，各级人民政府为行使各级政权的机关。

国家最高政权机关为全国人民代表大会。全国人民代表大会闭会期间，中央人民政府为行使国家政权的最高机关。

第十三条　中国人民政治协商会议为人民民主统一的组织形式。其组织成分，应包含有工人阶级、农民阶级、革命军人、知识分子、小资产阶级、民族资产阶级、少数民族、国外华侨及其他爱国主义分子的代表。

在普选的全国人民代表大会召开以前，由中国人民政治协商会议的全体会议执行全国人民代表大会的职权，制定中华人民共和国中央人民政府组织法，选举中华人民共和国中央人民政府委员会，并付之以行使国家权力的职权。

在普选的全国人民代表大会召开以后，中国人民政治协商会议得就有关国家建设事业的根本大计及其他重要措施，向全国人民代表大会或中央人民政府提出建议案。

第十四条　凡人民解放军初解放的地方，应一律实施军事管制，取消国民党反动政权机关，由中央人民政府或前线军政机关委任人员组织军事管制委员会和地方人民政府，领导人民建立革命秩序，镇压反革命活动，并在条件许可时召集各界人民代表会议。

在普选的地方人民代表大会召开以前，由地方各界人民代表会议逐步地代行人民代表大会的职权。

军事管制时间的长短，由中央人民政府依据各地的军事政治情况决定之。

凡在军事行动已经完全结束、土地改革已经彻底实现、各界人民已有充分组织的地方，即应实行普选，召开地方的人民代表大会。

第十五条　各级政权机关一律实行民主集中制。其主要原则为：人民代表大会向人民负责并报告工作。人民政府委员会向人民代表大会负责并报告工作。在人民代表大会和人民政府委员会内，实行少数服从多数的制度。各下级人民政府均由上级人民政府加委并服从上级人民政府。全国各地方人民政府均服从中央人民政府。

——陈洪主编：《"中国近现代史纲要"阅读文献汇编与导读》，重庆大学出版社2014年版，第215—217页

解读

《中国人民政治协商会议共同纲领》除序言外，分为总纲、政权机关、军事制度、经济政策、文化教育政策、民族政策、外交政策共七章。它肯定了人民革命的胜利成果，宣告了封建主义和官僚资本主义在中国统治的结束和人民民主共和国的建立，规定了新中国的国体和政体。《中国人民政治协商会议共同纲领》所规定的国家制度和社会制度的基本原则及各项基本政策，是由代行全国人民代表大会职权的中国人民政治协商会议制定的，因此，它还不是一部正式的宪法，但不管从内容上还是从法律效力上来看，它都具有国家宪法的特征，起到了临时宪法的作用。

探 究

查阅资料，探究《中国人民政治协商会议共同纲领》制定的背景和意义。

▌文 献 选 编▶

为争取国家财政经济状况的基本好转而斗争（节选）

（一九五〇年六月六日）

毛泽东

目前的国际情况对于我们是有利的。……苏联及各人民民主国家相互之间的关系则是很团结的。具有伟大历史意义的新的中苏条约，巩固了两国的友好关系，一方面使我们能够放手地和较快地进行国内的建设工作，一方面又正在推动着全世界人民争取和平和民主反对战争和压迫的伟大斗争。……

目前我们国家的情况是：中华人民共和国中央人民政府及各级地方人民政府已经成立。苏联、各人民民主国家及若干资本主义国家已经先后和我国建立了外交关系。

战争已在大陆上基本结束，只有台湾和西藏还待解放，还是一个严重的斗争任务。国民党反动派在大陆若干地区内采取了土匪游击战争的方式，煽动了一部分落后分子，和人民政府作斗争。……人民政府在最近几个月内实现了全国范围的财政经济工作的统一管理和统一领导，争取了财政的收支平衡，制止了通货膨胀，稳定了物价。全国人民用交粮、纳税、买公债的行动支持了人民政府。……革命胜利以后，整个旧的社会经济结构在各种不同的程度上正在重新改组，失业人员又有增多。这是一件大事，人民政府业已开始着手采取救济和安置失业人员的办法，以期有步骤地解决这个问题。人民政府进行了广大的文化教育工作，有广大的知识分子和青年学生参加了新知识的学习，或者参加了革命工作。人民政府对于合理地调整工商业，改善公私关系和劳资关系，已经做了一些工作，现正用大力继续做此项工作。

……因此，我曾说过：我们现在在经济战线上已经取得的一批胜利，例如财政收支接近平衡，通货停止膨胀和物价趋向稳定等等，表现了财政经济情况的开始好转，但这还不是根本的好转。要获得财政经济情况的根本好转，需要三个条件，即：（一）土地改革的完成；（二）现有工商业的合理调整；（三）国家机构所需经费的大量节减。要争取这三个条件，需要相当的时间，大约需要三年时间，或者还要多一点。全党和全国人民均应为创造这三个条件而努力奋斗。我和大家都相信，这些条件是完全有把握地能够在三年左右的时间内争取其实现的。到了那时，我们就可以看见我们国家整个财政经济状况的根本好转了。

为此目的，全党和全国人民必须一致团结起来，做好下列各项工作：

（一）有步骤有秩序地进行土地改革工作。因为战争已经在大陆上基本结束，和一九四六年至一九四八年的情况（人民解放军和国民党反动派进行着生死斗争，胜负未分）完全不同了，国家可以用贷款方法去帮助贫农解决困难，以补贫农少得一部分土地的缺陷。因此，我们对待富农的政策应有所改变，即由征收富农多余土地财产的政策改变为保存富农经济的政策，以利于早日恢复农村生产，又利于孤立地主，保护中农和保护小土地出租者。

（二）巩固财政经济工作的统一管理和统一领导，巩固财政收支的平衡和物价的稳定。在此方针下，调整税收，酌量减轻民负。在统筹兼顾的方针下，逐步地消灭经济中的盲目性和无政府状态，合理地调整现有工商业，切实而妥善地改善公私关系和劳资关系，使各种社会经济成分，在具有社会主义性质的国营经济领导之下，分工合作，各得其所，以促进整个社会经济的恢复和发展。有些人认为可以提早消灭资本主义实行社会主义，这种思想是错误的，是不适合我们国家的情况的。

……

（五）必须认真地进行对于失业工人和失业知识分子的救济工作，有步骤地帮助失业者就业。必须继续认真地进行对于灾民的救济工作。

——中共中央文献研究室编：《建国以来重要文献选编》（第一册），中央文献出版社2011年版，第217—221页

▣解读▣

在新中国成立初期，国家的财政经济状况还没有实现根本的好转，集中一切力量恢复国民经济的任务十分艰巨、紧迫，是当时牵动全局的中心工作。党和国家制定的具体而行之有效的措施，不仅对国民经济的恢复，而且对新生人民政权的巩固，对于稳步实现从新民主主义向社会主义的过渡，都具有重要的指导意义。

这篇文献是1950年6月毛泽东在中国共产党第七届中央委员会第三次全体会议上的书面报告。这次重要会议全面分析了新中国成立初期的形势，明确提出当时党和国家的中心任务就是用三年左右的时间，争取实现国家财政经济状况的根本好转。

▣探究▣

查阅资料，了解新中国成立之初，在经济建设领域面临的困难。

▌文献选编▶

中华人民共和国发展国民经济的第一个五年计划

（一九五三——一九五七）（节选）

（一九五五年七月三十日第一届全国人民代表大会第二次会议通过）

绪言

中华人民共和国于一九五三年开始伟大的发展国民经济的第一个五年计划。

以工人阶级为领导的中华人民共和国的成立和经济命脉归国家掌握，就使得我们有可能根据建设社会主义的目标，来有计划地发展和改造国民经济，以便逐步地把我国由落后的农业国变成先进的社会主义的工业国。

依靠工人阶级和广大人民群众在劳动战线上的高度的积极性和创造性，依靠全国人民在改革上〔应为"土"，编者注〕地制度、抗美援朝、镇压反革命、进行"三反""五反"等各个战线上的胜利，依靠中国共产党和中央人民政府在共同纲领的基础上所实行的正确的经济政策的领导，同时还由于伟大的苏联和各人民民主国家的支援，我国在一九五二年底结束了国民经济的恢复阶段，工业和农业的主要产品的产量，除个别的以外，都超过了解放前的最高水平；运输和邮电有了相应的恢复和发展。国家在平衡财政收支和稳定物价这些方面所取得的重大成就，对于国民经济的迅速恢复和人民生活的改善，起了显著的作用。

……总的说来，社会主义经济在国民经济中的领导作用和领导地位，随着我国人民民主专政的日益巩固，已经在恢复时期大大地加强起来，因而也就为我国实行计划经济开辟了道路，并需要我们着手制定发展国民经济的长期计划。

我国曾经是一个在帝国主义统治下的殖民地、半殖民地和半封建的国家，经济是很落后的。在解放前，我国生铁在历史上的最高年产量不过一百八十多万吨，钢不过九十多万吨，并且没有制造主要生产工具的机器制造工业。一九五二年恢复阶段终结的时候，虽然生铁和钢的产量都超过了解放前的数字，但生铁也还只有一百九十万吨，钢只有一百三十五万吨。鉴于我国经济这种极端落后的情况，我们必须实行积极的社会主义工业化的政策，来提高我国生产力的水平。毛泽东同志说过："没有工业，便没有巩固的国防，便没有人民的福利，便没有国家的富强。"采取积极的工业化的政策，即优先发展重工业的政策，其目的就是在于求得建立巩固的国防、满足人民需要和对国民经济实现社会主义改造的物质基础。因此，我们把重工业的基本建设作为制定发展国民经济第一个五年计划的重点，并首先集中力量进行苏联帮助我国设计的一百五十六个工业单位的建设，而在这个主要基础上来继续利用、限制和改造国民经济中的资本主义成分，保证不断地巩固和扩大国民经济中的社会主义成分。

我国现在还存在着下列的事实：第一，小农经济在农业经济中还占有绝对的优势。这种小农经济限制着农业生产力的发展，它是同社会主义的工业化相矛盾的，必须逐步地以合作化的农业代替分散的个体的小农业。同时，个体手工业在城市和乡村中都有很大的数量，必须逐步地把它引向合作化的道路。第二，资本主义经济在国民经济中还占有相当大的比重。这种资本主义的生产关系日益暴露出它同生产力的增长相矛盾，资本主义经济的无政府状态同社会主义经济的有计划发展是相对立的，必须逐步地以全民所有制代替资本家的所有制。因此，我国发展国民经济的第一个五年计划必须包括对农业、手工业和资本主义工商业逐步实行社会主义改造的计划，在优先发展社会主义经济的原则下，对各种经济成分的安排采取统筹兼顾的政策。

为着把计划放在可靠的基础上，在编制第一个五年计划的过程中，根据我国的具体情况并参照苏联和各人民民主国家的经验，曾经着重地注意以下一些问题。第一，在优先发展重工业的条件下，力求使各个经济部门——特别是工业和农业、重工业和轻工业——之间的发展保持适当的比例，避免彼此脱节。第二，力求使建设计划同资金积累的程度（即投资力量）相适应，并适当地估计到技术力量。第三，使地方的计划同中央各部的计划结合起来，在中央统一领导下，首先保证重点工程的建设，同时充分地发挥地方的积极性和创造性。第四，在建设中采取合理地利用原有的工业基地和积极地着手创设新的工业基地——这两个方面互相结合的步骤，逐步地改变过去的经济发展不平衡的状态，并使经济建设的布局适应于国防安全的条件。第五，照顾到积累资金和改善人民生活两个方面，既要注意扩大资金积累，保证国家建设，为不断地提高人民的生活水平建立物质基础；同时在发展生产和提高劳动生产率的基础上逐步地提高人民的物质生活和文化生活的水平，减少失业现象。

——中共中央文献研究室编：《建国以来重要文献选编》（第六册），中央文献出版社2011年版，第350—353页

解读

第一个五年计划（1953—1957）经过中共中央反复讨论，历时四年，五易其稿而成。在编制发展国民经济的第一个五年计划的过程中，中共中央确定了优先发展重工业的指导方针，并把优先发展重工业看作是为人民的长远利益着想的"大仁政"。这一指导方针的确立，有苏联建设经验的启示，更主要的是由于我国的工业基础，特别是重工业的基础非常薄弱。同时，当时的国际环境也极需要尽快建立强大的军事工业，以增强国防力量。

探究

阅读文献，思考第一个五年计划中优先发展重工业的原因。

文献选编 ▶

关于农业合作化问题的讲话（节选）

（一九五五年五月十七日）

毛泽东

合作社问题，也是乱子不少，大体是好的。不强调大体好，那就会犯错误。在合作化的问题上，有种消极情绪，我看必须改变。再不改变，就会犯大错误。对于合作化，一曰停，二曰缩，三曰发。缩有全缩，有半缩，有多缩，有少缩。社员一定要退社，那有什么办法。缩必须按实际情况。片面的缩，势必损伤干部和群众的积极性。后解放区就是要发，不是停，不是缩，基本是发；有的地方也要停，但一般是发。华北、东北等老解放区里面，也有要发的。譬如山东百分之三十的村子没有社，那里就不是停，不是缩。那里社都没有，停什么？那里就是发。该停者停，该缩者缩，该发者发。

发展合作社的原则是自愿互利。牲口（连地主富农的在内）入社，都要合理作价，贫农不要在这方面占便宜。在土地、农具、牲口上，贫农都不要揩油。互利就能换得自愿，不互利就没有自愿。互利不损害中农，取得中农自愿入社，这首先有利于贫农，当然也有利于中农。所以必须坚持这个原则。半妥协，半让步，不能解释成为损害中农的经济利益。有人说，"让中农吃点亏"这句话是我讲的，我不记得讲了没有，但是马恩列斯从来没有这样说过。对于贫农，国家要加点贷款，让他们腰杆硬起来。在合作社里面，中农有牲口、农具，贫农有了钱，也就说得起话了。合作社章程要快点搞，要做到完全不损害中农利益。这样，合作社就可以迅速发展起来。

发展合作社，河南七万、湖北四万五、湖南四万五、广东四万五、广西三万五、江西三万五、江苏六万五，也是自愿互利。发展合作社对国家是有利的，对你们各个地区也有利，如果你们自愿，那就拍板，把这个数字定下来。东北、西北、西南、华北，由林枫、马明方、宋任穷、刘澜涛去召开一个会，把精神传达下，讨论解决。今天在会上已经认定了的，就照这样办，大体不会错。但是，发展起来的合作社，要保证百分之九十是可靠的。

——中共中央文献研究室编：《建国以来重要文献选编》（第六册），中央文献出版社2011年版，第194—195页

解读

这篇讲话是1955年5月17日毛泽东在中共中央召集的十五省市委书记会议上所讲的。1955年7月31日，毛泽东在中央召开的省、市、自治区党委书记会议上作关于农业合作化问题的报告。同年10月，中共七届六中全会（扩大）通过了关于农业合作化问题的决议。1955年下半年出现了农业合作化高潮，同时也出现了要求过高、工作过粗、改变过快、形式也过于单一的问题。

探究

阅读文献，思考农业合作化对于新中国成立初期经济建设的历史意义。

|文献选编▶

在亚非会议全体会议上的发言（节选）

（一九五五年四月十九日）

主要发言

主席、各位代表先生：

举世瞩目的亚非会议已经开始。中华人民共和国代表团能同与会的各国代表团一起在这个会议上讨论我们亚非国家的共同问题，感到非常高兴。……

亚非两洲有这么多的国家在一起举行会议，这在历史上还是第一次。在我们亚非两洲的土地上生活着全世界半数以上的人民。亚非人民曾经创造过光辉灿烂的古代文化，对人类作出了巨大的贡献。近代以来，亚非两洲的大多数国家在不同程度上遭受了殖民主义的掠夺和压迫，以致被迫处于贫困和落后的停滞状态。我们的呼声受到抑制，我们的愿望受到摧残，我们的命运被旁人摆布，因此我们不得不起而反对殖民主义。由于同样的原因而受到的灾难和为了同样的目的而进行的斗争，使我们亚非各国人民容易互相了解，并在长期以来就深切地互相同情和关怀。

……

我们亚非各国人民争取自由和独立的过程是不同的；但是，我们争取和巩固各自的自由和独立的意志是一致的。不管我们每一个国家的具体情况如何不同，我们大多数国家都需要克服殖民主义统治所造成的落后状态，我们都应该在不受外来干涉的情况下按照我们各国人民的意志，使我们各自的国家获得独立的发展。

……

基于这些情况，保障世界和平、争取和维护民族独立并为此目的而促进各国间的友好合作就不能不是亚非各国人民的共同愿望。

……

在中国，自从人民作了自己国家的主人以后，我们的一切努力就是要消除长期的半殖民地社会遗留下来的落后状态，把我们的国家建设成为一个工业化的国家。五年以来，我们恢复了遭受长期战争破坏的国民经济，并且从一九五三年起开始了经济建设的第一个五年计划。由于这些努力，我们在各个主要生产部门，例如钢铁、棉布、粮食的生产量，都已经超过了中国历史上任何一个时期的水平。但是，这些成就比之于我们的实际需要还微小得很，比之于工业高度发展的国家，我们还落后得很。正象其他的亚洲国家一样，我们迫切地需要一个和平的国际环境，来发展我国独立自主的经济。

……

现在，应该说，反对种族歧视、要求基本人权，反对殖民主义、要求民族独立，坚决维护自己国家的主权和领土完整，已经是觉醒了的亚非国家和人民的共同要求。……

……

根据互相尊重主权和领土完整、互不侵犯、互不干涉内政、平等互利的原则，社会制度不同的国家是可以实现和平共处的。在保证实施这些原则的基础上，国际间的争端没有理由不能够协商解决。

为了维护世界和平，我们处境大致相同的亚非国家首先应该友好合作，实现和平共处。过去殖民统治在亚非国家间所造成的不和和隔阂，不应该继续存在。我们应该互相尊重，消除互相间可能存在的疑虑和恐惧。

……

我们亚非国家所需要的是和平和独立，我们并无意于使亚非国家同其他地区的国家对立，我们同样需要同其他地区的国家建立和平合作的关系。

我们的会晤是难得的。尽管我们中间存在着许多不同意见，但是这不应该影响我们所具有的共同愿望。我们的会议应该对于我们的共同愿望有所表示，使它成为亚非历史值得珍贵的一页。同时，我们在这次会议中建立起来的接触应该继续保持，以便我们对于世界和平能够作出更大的贡献。

印度尼西亚共和国总统苏加诺阁下说得对，我们亚非人民必须团结起来。

让我们预祝会议成功。

补充发言

主席，各位代表：

我的主要发言现在印发给大家了。在听到了许多代表团团长的一些发言之后，我愿补充说几句话。

中国代表团是来求团结而不是来吵架的。我们共产党人从不讳言我们相信共产主义和认为社会主义制度是好的。但是，在这个会议上用不着来宣传个人的思想意识和各国的政治制度，虽然这种不同在我们中间显然是存在的。

中国代表团是来求同而不是来立异的。在我们中间有无求同的基础呢？有的。那就是亚非绝大多数国家和人民自近代以来都曾经受过、并且现在仍在受着殖民主义所造成的灾难和痛苦。这是我们大家都承认的。从解除殖民主义痛苦和灾难中找共同基础，我们就很容易互相了解和尊重、互相同情和支持，而不是互相疑虑和恐惧、互相排斥和对立。……

……

我们的会议应该求同而存异。同时，会议应将这些共同愿望和要求肯定下来。这是我们中间的主要问题。我们并不要求各人放弃自己的见解，因为这是实际存在的反映。但是不应该使它妨碍我们在主要问题上达成共同的协议。我们还应在共同的基础上来互相了解和重视彼此的不同见解。

——《周恩来选集》（下卷），人民出版社1984年版，第146—154页

解读

1955年，亚非会议在印度尼西亚万隆召开之际，美国正在对新中国进行围堵，并扶持中国台湾当局制造紧张局势，企图将新中国扼杀在摇篮之中。在这种背景下，周恩来总理不负众望，以卓越的外交才能在会议上三次力挽狂澜，提出"求同存异"的方针。最终中国代表团推动《亚非会议最后公报》形成和平共处、友好合作的十项原则。更为重要的是，这一外交举动有效地赢得了亚非国家的同情与支持，打破了中国当时所处的外交僵局。

探究

阅读文献，阐述和平共处、友好合作的十项原则的伟大意义。

文 献 选 编 ▶

中国共产党第八次全国代表大会开幕词（节选）

（一九五六年九月十五日）

毛泽东

同志们：

中国共产党第八次全国代表大会，现在开幕了。（全体起立，长时间的热烈鼓掌）

······

我们这次大会的任务是：总结从七次大会以来的经验，团结全党，团结国内外一切可能团结的力量，为了建设一个伟大的社会主义的中国而奋斗。（热烈鼓掌）

在七次大会以来的十一年中，我们在一个地广人多、情况复杂的大国内，彻底地完成了资产阶级民主革命，又取得了社会主义革命的决定性的胜利。在两个革命的实践中，证明了从七次大会到现在，党中央委员会的路线是正确的，我们的党是一个政治上成熟的伟大的马克思列宁主义的政党。（热烈鼓掌）我们的党现在比过去任何时期都更加团结，更加巩固了。（热烈鼓掌）我们的党已经成了团结全国人民进行社会主义建设的核心力量。（热烈鼓掌）我们各方面的工作都有很大的成绩。我们的工作是做得正确的，但是也犯过一些错误。在这次大会上，需要把我们工作中的主要经验，包括成功的经验和错误的经验，加以总结，使那些有益的经验得到推广，而从那些错误的经验中取得教训。

……

……把马克思列宁主义的理论和中国革命的实践密切地联系起来，这是我们党的一贯的思想原则。许多年来，特别是从一九四二年整风运动以来，我们在加强党内的马克思列宁主义的教育方面，做了许多工作。现在，比起整风运动以前，我们党的马克思列宁主义的思想水平，已经提高了一步。但是我们还有严重的缺点。在我们的许多同志中间，仍然存在着违反马克思列宁主义的观点和作风，这就是：思想上的主观主义、工作上的官僚主义和组织上的宗派主义。这些观点和作风都是脱离群众、脱离实际的，是不利于党内和党外的团结的，是阻碍我们事业进步、阻碍我们同志进步的。必须用加强党内的思想教育的方法，大力克服我们队伍中的这些严重的缺点。（鼓掌）

十月革命以后，列宁给苏联共产党提出了这样的任务：学习，再学习。苏联的同志们，苏联的人民，按照列宁的指示做了。他们在不长的时间内，取得了极其灿烂的成就。（长时间的热烈的鼓掌）苏联共产党在不久以前召开的第二十次代表大会上，又制定了许多正确的方针，批判了党内存在的缺点。可以断定，他们的工作，在今后将有极其伟大的发展。（长时间热烈的鼓掌）

我们现在也面临着和苏联建国初期大体相同的任务。要把一个落后的农业的中国改变成为一个先进的工业化的中国，我们面前的工作是很艰苦的，我们的经验是很不够的。因此，必须善于学习。要善于向我们的先进者苏联学习，（鼓掌）要善于向各人民民主国家学习，（鼓掌）要善于向世界各兄弟党学习，（鼓掌）要善于向世界各国人民学习。（鼓掌）我们决不可有傲慢的大国主义的态度，决不应当由于革命的胜利和在建设上有了一些成绩而自高自大。国无论大小，都各有长处和短处。即使我们的工作得到了极其伟大的成绩，也没有任何值得骄傲自大的理由。虚心使人进步，骄

傲使人落后，我们应当永远记住这个真理。（热烈鼓掌）

同志们，我和大家都相信：已经得到解放的中国人民的力量是无穷无尽的，我们又有伟大的盟国苏联和其他兄弟国家的援助，（鼓掌）我们又有世界上一切兄弟党的支持，（鼓掌）又有世界上一切同情者的支持，（鼓掌）我们并没有孤立的感觉，这样，我们就一定能够一步一步地把我国建设成为一个伟大的社会主义工业化的国家。（热烈鼓掌）我们这次大会，对于我国的建设事业的前进，将要起很大的推动作用。

——中共中央文献研究室编：《建国以来重要文献选编》（第九册），中央文献出版社2011年版，第29—32页

解读

中共八大于1956年9月在北京举行。毛泽东致开幕词，刘少奇作政治报告，邓小平作《关于修改党的章程的报告》，周恩来作《关于发展国民经济的第二个五年计划的建议的报告》。大会对社会主义改造基本完成以后国内的主要矛盾作出了科学的判断；确定了政治、经济、文化和外交工作的一系列方针；提出了执政党建设的问题，强调要坚持民主集中制和集体领导制度，反对个人崇拜，发展党内民主，加强党和群众的联系。

探究

查阅资料，指出中共八大对我国社会主义建设的重要意义。

|文献选编▶

中美联合公报（节选）

应中华人民共和国总理周恩来的邀请，美利坚合众国总统理查德·尼克松自一九七二年二月二十一日至二月二十八日访问了中华人民共和国。陪同总统的有尼克松夫人、美国国务卿威廉·罗杰斯、总统助理亨利·基辛格博士和其他美国官员。

尼克松总统于二月二十一日会见了中国共产党主席毛泽东。两位领导人就中美关系和国际事务认真、坦率地交换了意见。

……

中华人民共和国和美利坚合众国领导人经过这么多年一直没有接触之后，现在有机会坦率地互相介绍彼此对各种问题的观点，对此，双方认为是有益的。他们回顾了经历着重大变化和巨大动荡的国际形势，阐明了各自的立场和态度。

……

中美两国的社会制度和对外政策有着本质的区别。但是，双方同意，各国不论社会制度如何，都应根据尊重各国主权和领土完整、不侵犯别国、不干涉别国内政；平等互利、和平共处的原则来处理国与国之间的关系。国际争端应在此基础上予以解决，而不诉诸武力和武力威胁。美国和中华人民共和国准备在他们的相互关系中实行这些原则。

考虑到国际关系的上述这些原则，双方声明：

——中美两国关系走向正常化是符合所有国家的利益的；

——双方都希望减少国际军事冲突的危险；

——任何一方都不应该在亚洲—太平洋地区谋求霸权，每一方都反对任何其他国家或国家集团建立这种霸权的努力；

——任何一方都不准备代表任何第三方进行谈判，也不准备同对方达成针对其他国家的协议或谅解。

双方都认为，任何大国与另一大国进行勾结反对其他国家，或者大国在世界上划分利益范围，那都是违背世界各国人民利益的。

双方回顾了中美两国之间长期存在的严重争端。中国方面重申自己的立场：台湾问题是阻碍中美两国关系正常化的关键问题，中华人民共和国政府是中国的唯一合法政府；台湾是中国的一个省，早已归还祖国；解放台湾是中国内政，别国无权干涉；全部美国武装力量和军事设施必须从台湾撤走。中国政府坚决反对任何旨在制造"一中一台"、"一个中国、两个政府"、"两个中国"、"台湾独立"和鼓吹"台湾地位未定"的活动。

美国方面声明：美国认识到，在台湾海峡两边的所有中国人都认为只有一个中国，台湾是中国的一部分。美国政府对这一立场不提出异议。它重申它对由中国人自己和平解决台湾问题的关心。考虑到这一前景，它确认从台湾撤出全部美国武装力量和军事设施的最终目标。在此期间，它将随着这个地区紧张局势的缓和逐步减少它在台湾的武装力量和军事设施。

双方同意，扩大两国人民之间的了解是可取的。为此目的，他们就科学、技术、文化、体育和新闻等方面的具体领域进行了讨论，在这些领域中进行人民之间的联系和交流将会是互相有利的。双方各自承诺对进一步发展这种联系和交流提供便利。

双方把双边贸易看作是另一个可以带来互利的领域，并一致认为平等互利的经济关系是符合两国人民的利益的。他们同意为逐步发展两国间的贸易提供便利。

双方同意，他们将通过不同渠道保持接触，包括不定期地派遣美国高级代表前来北京，就促进两国关系正常化进行具体磋商并继续就共同关心的问题交换意见。

双方希望，这次访问的成果将为两国关系开辟新的前景。双方相信，两国关系正常化不仅符合中美两国人民的利益，而且会对缓和亚洲及世界紧张局势作出贡献。

尼克松总统、尼克松夫人及美方一行对中华人民共和国政府和人民给予他们有礼貌的款待，表示感谢。

一九七二年二月二十八日

——张同乐主编：《20世纪中国经世文编·中华人民共和国卷二》，中国和平出版社、天津教育出版社1998年版，第383—388页

▨ 解读 ▨

1972年2月，美国总统尼克松访华，中美两国发表联合公报。在《中美联合公报》中，中美双方申述了各自的原则、立场，特别是就台湾问题达成一定的共识。公

报的发表，标志着中美两国结束长期的敌对状态，关系开始走向正常化，这构成进一步发展中美关系的基础，也对国际形势产生了重大的影响。以《中美联合公报》为基础，中美两国之间的联系和交流扩大了，双边贸易有了发展。

探究

结合材料，概括20世纪70年代中国取得的外交成就，并分析其影响。

第九讲

改革开放与中国特色社会主义道路

阶段特征

改革开放四十多年来，在中国共产党的正确领导下，全体中华儿女众志成城、砥砺奋进，走出了一条中国特色社会主义道路，在经济、政治、文化、外交等方面取得了巨大成就，迎来了从站起来、富起来到强起来的伟大飞跃。从农村到城市的改革，从计划经济到市场经济，对内改革和对外开放全面深化，中华民族迎来了实现伟大复兴的光明前景，中国特色社会主义进入了新时代。

文献选编 ▶

实践是检验真理的唯一标准（节选）

《光明日报》特约评论员

检验真理的标准是什么？这是早被无产阶级的革命导师解决了的问题。但是这些年来，由于"四人帮"的破坏和他们控制下的舆论工具大量的歪曲宣传，把这个问题搞得混乱不堪。为了深入批判"四人帮"，肃清其流毒和影响，在这个问题上拨乱反正，十分必要。

检验真理的标准只能是社会实践

怎样区别真理与谬误呢？1845年，马克思就提出了检验真理的标准问题："人的思维是否具有客观的真理性，这并不是一个理论的问题，而是一个实践的问题。人应该在实践中证明自己思维的真理性，即自己思维的现实性和力量，亦即自己思维的此岸性。关于离开实践的思维是否具有现实性的争论，是一个纯粹经院哲学的问题。"（《马克思恩格斯选集》第1卷第16页）这就非常清楚地告诉我们，一个理论，是否正确反映了客观实际，是不是真理，只能靠社会实践来检验。这是马克思主义认识论的一个基本原理。

实践不仅是检验真理的标准，而且是唯一的标准。毛主席说："真理只有一个，而究竟谁发现了真理，不依靠主观的夸张，而依靠客观的实践。只有千百万人民的革命实践，才是检验真理的尺度。"（《新民主主义论》）"真理的标准只能是社会的实践。"（《实践论》）……

理论与实践的统一，是马克思主义的一个最基本的原则

有的同志担心，坚持实践是检验真理的唯一标准，会削弱理论的意义。这种担心是多余的。凡是科学的理论，都不会害怕实践的检验。相反，只有坚持实践是检验真理的唯一标准，才能够使伪科学、伪理论现出原形，从而捍卫真正的科学与理论。这

一点，对于澄清被"四人帮"搞得非常混乱的理论问题，具有特别重要的意义。

......

客观世界是不断发展的，实践是不断发展的。新事物新问题层出不穷，这就需要在马克思主义一般原理指导下研究新事物、新问题，不断作出新的概括，把理论推向前进。这些新的理论概括是否正确，由什么来检验呢？只能用实践来检验。例如，列宁关于帝国主义时代个别国家或少数国家可以取得社会主义革命胜利的学说，是一个新的结论，这个结论正确不正确，不能用马克思主义关于资本主义的一般理论去检验，只有帝国主义时代的实践，第一次世界大战和十月革命的实践，才能证明列宁这个学说是真理。

毛主席说："理论与实践的统一，是马克思主义的一个最基本的原则。"（《毛泽东选集》第5卷第297页）坚持实践是检验真理的唯一标准，就是坚持马克思主义，坚持辩证唯物主义。

革命导师是坚持用实践检验真理的榜样

革命导师们不仅提出了实践是检验真理的唯一标准，而且亲自作出了用实践去检验一切理论包括自己所提出的理论的光辉榜样。马克思和恩格斯对待他们所共同创作的著名的马克思主义科学文献《共产党宣言》的态度，就是许多事例当中的一个生动的例子。1848年《宣言》发表后，在45年中马克思和恩格斯一直在用实践来检验它。《宣言》的7篇序言，详细地记载了这个事实。......

......

......毫无疑义，马克思主义的基本原理，马克思主义的立场、观点和方法，必须坚持，决不能动摇，但是，马克思主义的理论宝库并不是一堆僵死不变的教条，它要在实践中不断增加新的观点、新的结论，抛弃那些不再适合新情况的个别旧观点、旧结论。......

任何理论都要不断接受实践的检验

我们不仅承认实践是真理的标准，而且要从发展的观点看待实践的标准。实践是不断发展的，因此作为检验真理的标准，它既具有绝对的意义，又具有相对的意义。就一切思想和理论都必须由实践来检验这一点讲，它是绝对的、无条件的；就实践在它发展的一定阶段上都有其局限性，不能无条件地完全证实或完全驳倒一切思想和理论这一点来讲，它是相对的、有条件的；但是，今天的实践回答不了的问题，以后的实践终究会回答它，就这点来讲，它又是绝对的。……

……

党的十一大和五届人大，确定了全党和全国人民在社会主义革命和社会主义建设新的发展时期的总任务。社会主义对于我们来说，有许多地方还是未被认识的必然王国。我们要完成这个伟大的任务，面临着许多新的问题，需要我们去认识，去研究，躺在马列主义毛泽东思想的现成条文上，甚至拿现成的公式去限制、宰割、裁剪无限丰富的飞速发展的革命实践，这种态度是错误的。我们要有共产党人的责任心和胆略，勇于研究生动的实际生活，研究现实的确切事实，研究新的实践中提出的新问题。只有这样，才是对待马克思主义的正确态度，才能够逐步地由必然王国向自由王国前进，顺利地进行新的伟大的长征。

（《光明日报》1978年5月11日）

——《光明日报》编辑部编：《实践是检验真理的唯一标准》，光明日报出版社1988年版，第24—34页

解读

《实践是检验真理的唯一标准》由南京大学哲学系教师胡福明撰写初稿，后经过光明日报社编辑部和中央党校的同志一起修改，在基本保留原意的基础上作了修改和补充。1978年5月10日，首先在中央党校内部刊物《理论动态》上发表。1978年5月11日，《光明日报》发表题为《实践是检验真理的唯一标准》的特约评论员文章，引发了一场关于真理标准问题的讨论，对中国社会产生了深远影响。

这场大讨论，冲破了"两个凡是"的严重束缚，推动了全国性的马克思主义思想解放运动，为党的十一届三中全会的召开做了重要的思想铺垫。这场大讨论，为党重新确立马克思主义的思想路线、政治路线和组织路线奠定了思想基础。

▦ 探究 ▦

阅读文献，深刻认识真理标准问题大讨论是一场深刻的思想解放运动。

▌文 献 选 编 ▶

解放思想，实事求是，团结一致向前看（节选）

（一九七八年十二月十三日）

同志们：

......

今天，我主要讲一个问题，就是解放思想，开动脑筋，实事求是，团结一致向前看。

一　解放思想是当前的一个重大政治问题

解放思想，开动脑筋，实事求是，团结一致向前看，首先是解放思想。......

163

在我们的干部特别是领导干部中间，解放思想这个问题并没有完全解决。不少同志的思想还很不解放，脑筋还没有开动起来，也可以说，还处在僵化或半僵化的状态。这并不是因为他们不是好同志。这种状态是在一定历史条件下形成的。

一是因为十多年来，林彪、"四人帮"大搞禁区、禁令，制造迷信，把人们的思想封闭在他们假马克思主义的禁锢圈内，不准越雷池一步。否则，就要追查，就要扣帽子、打棍子。在这种情况下，一些人就只好不去开动脑筋，不去想问题了。

二是因为民主集中制受到破坏，党内确实存在权力过分集中的官僚主义。……

三是因为是非功过不清，赏罚不明，干和不干一个样，甚至干得好的反而受打击，什么事不干的，四平八稳的，却成了"不倒翁"。在这种不成文法底下，人们就不愿意去动脑筋了。

四是因为小生产的习惯势力还在影响着人们。这种习惯势力的一个显著特点，就是因循守旧，安于现状，不求发展，不求进步，不愿接受新事物。

思想不解放，思想僵化，很多的怪现象就产生了。

……

不打破思想僵化，不大大解放干部和群众的思想，四个现代化就没有希望。

目前进行的关于实践是检验真理的唯一标准问题的讨论，实际上也是要不要解放思想的争论。大家认为进行这个争论很有必要，意义很大。从争论的情况来看，越看越重要。一个党，一个国家，一个民族，如果一切从本本出发，思想僵化，迷信盛行，那它就不能前进，它的生机就停止了，就要亡党亡国。这是毛泽东同志在整风运动中反复讲过的。只有解放思想，坚持实事求是，一切从实际出发，理论联系实际，我们的社会主义现代化建设才能顺利进行，我们党的马列主义、毛泽东思想的理论也才能顺利发展。……

二　民主是解放思想的重要条件

解放思想，开动脑筋，一个十分重要的条件就是要真正实行无产阶级的民主集中制。我们需要集中统一的领导，但是必须有充分的民主，才能做到正确的集中。

当前这个时期，特别需要强调民主。因为在过去一个相当长的时间内，民主集中制没有真正实行，离开民主讲集中，民主太少。……

我们要创造民主的条件，要重申"三不主义"：不抓辫子，不扣帽子，不打棍子。在党内和人民内部的政治生活中，只能采取民主手段，不能采取压制、打击的手段。宪法和党章规定的公民权利、党员权利、党委委员的权利，必须坚决保障，任何人不得侵犯。

……

为了保障人民民主，必须加强法制。必须使民主制度化、法律化，使这种制度和法律不因领导人的改变而改变，不因领导人的看法和注意力的改变而改变。现在的问题是法律很不完备，很多法律还没有制定出来。往往把领导人说的话当做"法"，不赞成领导人说的话就叫做"违法"，领导人的话改变了，"法"也就跟着改变。所以，应该集中力量制定刑法、民法、诉讼法和其他各种必要的法律……

三　处理遗留问题为的是向前看

这次会议，解决了一些过去遗留下来的问题，分清了一些人的功过，纠正了一批重大的冤案、错案、假案。这是解放思想的需要，也是安定团结的需要。目的正是为了向前看，正是为了顺利实现全党工作重心的转变。

我们的原则是"有错必纠"。凡是过去搞错了的东西，统统应该改正。……

最近国际国内都很关心我们对毛泽东同志和对文化大革命的评价问题。毛泽东同志在长期革命斗争中立下的伟大功勋是永远不可磨灭的。……毛泽东思想永远是我们全党、全军、全国各族人民的最宝贵的精神财富。我们要完整地准确地理解和掌握毛泽东思想的科学原理，并在新的历史条件下加以发展。当然，毛泽东同志不是没有缺点、错误的，要求一个革命领袖没有缺点、错误，那不是马克思主义。我们要领导和教育全体党员、全军指战员、全国各族人民科学地历史地认识毛泽东同志的伟大功绩。

关于文化大革命，也应该科学地历史地来看。毛泽东同志发动这样一次大革命，主要是从反修防修的要求出发的。至于在实际过程中发生的缺点、错误，适当的时候作为经验教训总结一下，这对统一全党的认识，是需要的。文化大革命已经成为我国社会主义历史发展中的一个阶段，总要总结，但是不必匆忙去做。要对这样一个历史阶段做出科学的评价，需要做认真的研究工作，有些事要经过更长一点的时间才能充分理解和作出评价，那时再来说明这一段历史，可能会比我们今天说得更好。

——《邓小平文选》（第二卷），人民出版社1994年版，第140—149页

解读

　　《解放思想，实事求是，团结一致向前看》是邓小平在1978年12月13日的中共中央工作会议闭幕会上的讲话。这次中央工作会议自1978年11月10日起在北京召开，会议提出了把全党工作的重心转移到实现四个现代化上来的根本指导方针，解决了过去遗留下来的一系列重大问题，使全党、全军和全国各族人民提高了斗志，增强了信心，加强了团结。

　　邓小平的这篇讲话详尽地阐明了当时的工作面临的一系列有关党和国家命运的重要问题，这次中央工作会议为即将召开的中共十一届三中全会作了充分准备。

探究

　　阅读文献，理解"解放思想，实事求是"的深刻内涵。

▍文献选编▶

中华人民共和国全国人大常委会
告台湾同胞书

（一九七九年一月一日）

第五届全国人民代表大会常务委员会于一九七八年十二月二十六日举行第五次会议讨论通过了《中华人民共和国全国人民代表大会常务委员会告台湾同胞书》

亲爱的台湾同胞：

今天是一九七九年元旦。我们代表祖国大陆的各族人民，向诸位同胞致以亲切的问候和衷心的祝贺。

昔人有言："每逢佳节倍思亲"。在这欢度新年的时刻，我们更加想念自己的亲骨肉——台湾的父老兄弟姐妹。我们知道，你们也无限怀念祖国和大陆上的亲人。这种绵延了多少岁月的相互思念之情与日俱增。自从一九四九年台湾同祖国不幸分离以来，我们之间音讯不通，来往断绝，祖国不能统一，亲人无从团聚，民族、国家和人民都受到了巨大的损失。所有中国同胞以及全球华裔，无不盼望早日结束这种令人痛心的局面。

我们中华民族是伟大的民族，占世界人口近四分之一，享有悠久的历史和优秀的文化，对世界文明和人类发展的卓越贡献，举世共认。台湾自古就是中国不可分割的一部分。中华民族是具有强大的生命力和凝聚力的。尽管历史上有过多少次外族入侵和内部纷争，都不曾使我们的民族陷于长久分裂。近三十年台湾同祖国的分离，是人为的，是违反我们民族的利益和愿望的，决不能再这样下去了。每一个中国人，不论是生活在台湾的还是生活在大陆上的，都对中华民族的生存、发展和繁荣负有不容推诿的责任。统一祖国这样一个关系全民族前途的重大任务，现在摆在我们大家的面前，谁也不能回避，谁也不应回避。如果我们还不尽快结束目前这种分裂局面，早日实现祖国的统一，我们何以告慰于列祖列宗？何以自解于子孙后代？人同此心，心同此理，凡属黄帝子孙，谁愿成为民族的千古罪人？

近三十年来，中国在世界上的地位已发生根本变化。我国国际地位越来越高，国际作用越来越重要。各国人民和政府为了反对霸权主义、维护亚洲和世界的和平稳定，几乎莫不对我们寄予极大期望。每一个中国人都为祖国的日见强盛而感到自豪。我们如果尽快结束目前的分裂局面，把力量合到一起，则所能贡献于人类前途者，自更不可限量。早日实现祖国统一，不仅是全中国人民包括台湾同胞的共同心愿，也是全世界一切爱好和平的人民和国家的共同希望。

今天，实现中国的统一，是人心所向，大势所趋。世界上普遍承认只有一个中国，承认中华人民共和国政府是中国唯一合法的政府。最近中日和平友好条约的签定，和中美两国关系正常化的实现，更可见潮流所至，实非任何人所得而阻止。目前祖国安定团结，形势比以往任何时候都好。在大陆上的各族人民，正在为实现四个现代化的伟大目标而同心戮力。我们殷切期望台湾早日归回祖国，共同发展建国大业。我们的国家领导人已经表示决心，一定要考虑现实情况，完成祖国统一大业，在解决统一问题时尊重台湾现状和台湾各界人士的意见，采取合情合理的政策和办法，不使台湾人民蒙受损失。台湾各界人士也纷纷抒发怀乡思旧之情，诉述"认同回归"之愿，提出种种建议，热烈盼望早日回到祖国的怀抱。时至今日，种种条件都对统一有利，可谓万事俱备，任何人都不应当拂逆民族的意志，违背历史的潮流。

我们寄希望于一千七百万台湾人民，也寄希望于台湾当局。台湾当局一贯坚持一个中国的立场，反对台湾独立。这就是我们共同的立场，合作的基础。我们一贯主张爱国一家。统一祖国，人人有责。希望台湾当局以民族利益为重，对实现祖国统一的事业作出宝贵的贡献。

中国政府已经命令人民解放军从今天起停止对金门等岛屿的炮击。台湾海峡目前仍然存在着双方的军事对峙，这只能制造人为的紧张。我们认为，首先应当通过中华人民共和国政府和台湾当局之间的商谈结束这种军事对峙状态，以便为双方的任何一种范围的交往接触创造必要的前提和安全的环境。

由于长期隔绝，大陆和台湾的同胞互不了解，对于双方造成各种不便。远居海外的许多侨胞都能回国观光，与家人团聚。为什么近在咫尺的大陆和台湾的同胞却不能自由来往呢？我们认为这种藩篱没有理由继续存在。我们希望双方尽快实现通航通邮，以利双方同胞直接接触，互通讯息，探亲访友，旅游参观，进行学术文化体育工艺观摩。

台湾和祖国大陆，在经济上本来是一个整体。这些年来，经济联系不幸中断。现在，祖国的建设正在蓬勃发展，我们也希望台湾的经济日趋繁荣。我们相互之间完全应当发展贸易，互通有无，进行经济交流。这是相互的需要，对任何一方都有利而无害。

亲爱的台湾同胞：

我们伟大祖国的美好前途，既属于我们，也属于你们。统一祖国，是历史赋于我们这一代人的神圣使命。时代在前进，形势在发展。我们早一天完成这一使命，就可以早一天共同创造我国空前未有的光辉灿烂的历史，而与各先进强国并驾齐驱，共谋世界的和平、繁荣和进步。让我们携起手来，为这一光荣目标共同奋斗！

——《人民日报》1979年1月1日第1版

解读

《告台湾同胞书》是中华人民共和国成立后对台湾发表的公开信，被视为中央政府对台湾的政策文件，在历史上总共发表五次。其中，以1979年1月1日由中华人民共和国全国人大常委会发表的最为著名，其向台湾指出，统一中国为大势所趋、人心所向，应尽快结束分裂的局面，统一中国；提出了结束两岸军事对峙、开放"两岸三通"、扩大两岸交流等方针。此次文告发表后在国内外引发重大反应，被视为改革开放后中央政府对台的最早政策转变。

探究

结合《中华人民共和国全国人大常委会告台湾同胞书》，理解"一国两制"的内涵和意义。

▌文献选编▶

中国共产党中央委员会关于建国以来党的若干历史问题的决议（节选）

（一九八一年六月二十七日中国共产党第十一届中央委员会第六次全体会议一致通过）

毛泽东同志的历史地位和毛泽东思想

（27）毛泽东同志是伟大的马克思主义者，是伟大的无产阶级革命家、战略家和理论家。他虽然在"文化大革命"中犯了严重错误，但是就他的一生来看，他对中国革命的功绩远远大于他的过失。他的功绩是第一位的，错误是第二位的。他为我们党和中国人民解放军的创立和发展，为中国各族人民解放事业的胜利，为中华人民共和国的缔造和我国社会主义事业的发展，建立了永远不可磨灭的功勋。他为世界被压迫民族的解放和人类进步事业作出了重大的贡献。

（28）以毛泽东同志为主要代表的中国共产党人，根据马克思列宁主义的基本原理，把中国长期革命实践中的一系列独创性经验作了理论概括，形成了适合中国情况的科学的指导思想，这就是马克思列宁主义普理原理和中国革命具体实践相结合的产物——毛泽东思想。……毛泽东思想是马克思列宁主义在中国的运用和发展，是被实践证明了的关于中国革命的正确的理论原则和经验总结，是中国共产党集体智慧的结晶。我党许多卓越领导人对它的形成和发展都作出了重要贡献，毛泽东同志的科学著作是它的集中概括。

（29）毛泽东思想具有多方面的内容。在以下几个方面，它以独创性的理论丰富和发展了马克思列宁主义。

……

（30）毛泽东思想的活的灵魂，是贯串于上述各个组成部分的立场、观点和方法，它们有三个基本方面，即实事求是，群众路线，独立自主。……

一、实事求是，就是从实际出发，理论联系实际，就是要把马克思列宁主义普遍原理同中国革命具体实践相结合。……

二、群众路线，就是一切为了群众，一切依靠群众，从群众中来，到群众中去。……

三、独立自主，自力更生，是从中国实际出发、依靠群众进行革命和建设的必然结论。……

（31）毛泽东思想是我们党的宝贵的精神财富，它将长期指导我们的行动。……因为毛泽东同志晚年犯了错误，就企图否认毛泽东思想的科学价值，否认毛泽东思想对我国革命和建设的指导作用，这种态度是完全错误的。对毛泽东同志的言论采取教条主义态度，以为凡是毛泽东同志说过的话都是不可移易的真理，只能照抄照搬，甚至不愿实事求是地承认毛泽东同志晚年犯了错误，并且还企图在新的实践中坚持这些错误，这种态度也是完全错误的。这两种态度都是没有把经过长期历史考验形成为科学理论的毛泽东思想，同毛泽东同志晚年所犯的错误区别开来，而这种区别是十分必要的。……

——《中国共产党中央委员会关于建国以来党的若干历史问题的决议》，人民出版社1981年版，第39—51页

解读

《中国共产党中央委员会关于建国以来党的若干历史问题的决议》共分八个部分：建国以前二十八年历史的回顾；建国三十二年历史的基本估计；基本完成社会主义改造的七年；开始全面建设社会主义的十年；"文化大革命"的十年；历史的伟大转折；毛泽东同志的历史地位和毛泽东思想；团结起来，为建设社会主义现代化强国而奋斗。

《中国共产党中央委员会关于建国以来党的若干历史问题的决议》实事求是地评价了毛泽东在中国革命中的历史地位，科学地论述了毛泽东思想的基本内容和作为党的指导思想的伟大意义，进一步指明了中国社会主义事业和党的工作继续前进的方向。

▎探 究▎

阅读《中国共产党中央委员会关于建国以来党的若干历史问题的决议》，正确认识毛泽东个人和毛泽东思想的历史地位。

▎文献选编▶

在武昌、深圳、珠海、上海等地的谈话要点（节选）

（一九九二年一月十八日——二月二十一日）

（一）

革命是解放生产力，改革也是解放生产力。推翻帝国主义、封建主义、官僚资本主义的反动统治，使中国人民的生产力获得解放，这是革命，所以革命是解放生产力。社会主义基本制度确立以后，还要从根本上改变束缚生产力发展的经济体制，建立起充满生机和活力的社会主义经济体制，促进生产力的发展，这是改革，所以改革也是解放生产力。……

要坚持党的十一届三中全会以来的路线、方针、政策，关键是坚持"一个中心、两个基本点"。不坚持社会主义，不改革开放，不发展经济，不改善人民生活，只能是死路一条。基本路线要管一百年，动摇不得。……

（二）

改革开放胆子要大一些，敢于试验，不能像小脚女人一样。看准了的，就大胆地试，大胆地闯。深圳的重要经验就是敢闯。没有一点闯的精神，没有一点"冒"的精神，没有一股气呀、劲呀，就走不出一条好路，走不出一条新路，就干不出新的事业。……

改革开放迈不开步子，不敢闯，说来说去就是怕资本主义的东西多了，走了资本主义道路。要害是姓"资"还是姓"社"的问题。判断的标准，应该主要看是否有利于发展社会主义社会的生产力，是否有利于增强社会主义国家的综合国力，是否有利于提高人民的生活水平。对办特区，从一开始就有不同意见，担心是不是搞资本主义。深圳的建设成就，明确回答了那些有这样那样担心的人。特区姓"社"不姓"资"。从深圳的情况看，公有制是主体，外商投资只占四分之一，就是外资部分，我们还可以从税收、劳务等方面得到益处嘛！多搞点"三资"企业，不要怕。……

计划多一点还是市场多一点，不是社会主义与资本主义的本质区别。计划经济不等于社会主义，资本主义也有计划；市场经济不等于资本主义，社会主义也有市场。计划和市场都是经济手段。社会主义的本质，是解放生产力，发展生产力，消灭剥削，消除两极分化，最终达到共同富裕。就是要对大家讲这个道理。证券、股市，这些东西究竟好不好，有没有危险，是不是资本主义独有的东西，社会主义能不能用？允许看，但要坚决地试。看对了，搞一两年对了，放开；错了，纠正，关了就是了。关，也可以快关，也可以慢关，也可以留一点尾巴。怕什么，坚持这种态度就不要紧，就不会犯大错误。总之，社会主义要赢得与资本主义相比较的优势，就必须大胆吸收和借鉴人类社会创造的一切文明成果，吸收和借鉴当今世界各国包括资本主义发达国家的一切反映现代社会化生产规律的先进经营方式、管理方法。

走社会主义道路，就是要逐步实现共同富裕。共同富裕的构想是这样提出的：一部分地区有条件先发展起来，一部分地区发展慢点，先发展起来的地区带动后发展的地区，最终达到共同富裕。如果富的愈来愈富，穷的愈来愈穷，两极分化就会产生，而社会主义制度就应该而且能够避免两极分化。解决的办法之一，就是先富起来的地区多交点利税，支持贫困地区的发展。当然，太早这样办也不行，现在不能削弱发达地区的活力，也不能鼓励吃"大锅饭"。什么时候突出地提出和解决这个问题，在什么基础上提出和解决这个问题，要研究。可以设想，在本世纪末达到小康水平的时候，就要突出地提出和解决这个问题。……

对改革开放，一开始就有不同意见，这是正常的。不只是经济特区问题，更大的问题是农村改革，搞农村家庭联产承包，废除人民公社制度。……我们推行三中全会以来的路线、方针、政策，不搞强迫，不搞运动，愿意干就干，干多少是多少，这样慢慢就跟上来了。不搞争论，是我的一个发明。不争论，是为了争取时间干。一争论就复杂了，把时间都争掉了，什么也干不成。不争论，大胆地试，大胆地闯。农村改革是如此，城市改革也应如此。

现在，有右的东西影响我们，也有"左"的东西影响我们，但根深蒂固的还是"左"的东西。有些理论家、政治家，拿大帽子吓唬人的，不是右，而是"左"。"左"带有革命的色彩，好像越"左"越革命。"左"的东西在我们党的历史上可怕呀！一个好好的东西，一下子被他搞掉了。右可以葬送社会主义，"左"也可以葬送社会主义。中国要警惕右，但主要是防止"左"。右的东西有，动乱就是右的！"左"的东西也有。把改革开放说成是引进和发展资本主义，认为和平演变的主要危险来自经济领域，这些就是"左"。我们必须保持清醒的头脑，这样就不会犯大错误，出现问题也容易纠正和改正。

——《邓小平文选》（第三卷），人民出版社1993年版，第370—375页

解读

20世纪90年代，国内外局势发生了巨大变化，引起了人们对改革的激烈争论。一些人的理想信念开始动摇，对中国的改革开放产生疑虑，对中国特色社会主义道路产生怀疑。1992年1月18日至2月21日，邓小平先后视察了武昌、深圳、珠海、上海等地，发表了著名的南方谈话。

这篇谈话，深刻总结了党的十一届三中全会以来党领导人民探索中国特色社会主义道路的经验，明确回答了长期困扰和束缚人们思想的许多重大认识问题，围绕改革

开放姓"资"还是姓"社"、解放思想和加快发展、实践标准和生产力标准、计划经济和市场经济、物质文明和精神文明等问题，从理论上作了新的概括和阐发。南方谈话在国际国内政治风波严峻考验的重大历史关头，把改革开放和现代化建设推进到新阶段，是一个解放思想、实事求是的宣言书。

探究

阅读谈话要点，结合时代背景深刻认识邓小平建设有中国特色社会主义理论。

文献选编▶

加快改革开放和现代化建设步伐，夺取有中国特色社会主义事业的更大胜利（节选）

（一九九二年十月十二日）

我国经济体制改革确定什么样的目标模式，是关系整个社会主义现代化建设全局的一个重大问题。这个问题的核心，是正确认识和处理计划与市场的关系。传统的观念认为，市场经济是资本主义特有的东西，计划经济才是社会主义经济的基本特征。十一届三中全会以来，随着改革的深入，我们逐步摆脱这种观念，形成新的认识，对推动改革和发展起了重要作用。十二大提出计划经济为主，市场调节为辅；十二届三中全会指出商品经济是社会经济发展不可逾越的阶段，我国社会主义经济是公有制基础上的有计划商品经济；十三大提出社会主义有计划商品经济的体制应该是计划与市场内在统一的体制；十三届四中全会后，提出建立适应有计划商品经济发展的计划经济与市场调节相结合的经济体制和运行机制。特别是邓小平同志今年初重要谈话进一步指出，计划经济不等于社会主义，资本主义也有计划；市场经济不等于资本主义，社会主义也有市场。计划和市场都是经济手段。计划多一点还是市场多一点，不是社会主义与资本主义的本质区别。这个精辟论断，从根本上解除了把计划经济和市场经济看作属于社会基本制度范畴的思想束缚，使我们在计划与市场关系问题上的认识有了新的重大突破。改革开放十多年来，市场范围逐步扩大，大多数商品的价格已经放开，计划直接管理的领域显著缩小，市场对经济活动调节的作用大大增强。实践表明，市场作用发挥比较充分的地方，经济活力就比较强，发展态势也比较好。我国经济要优化结构，提高效益，加快发展，参与国际竞争，就必须继续强化市场机制的作用。实践的发展和认识的深化，要求我们明确提出，我国经济体制改革的目标是建立社会主义市场经济体制，以利于进一步解放和发展生产力。

我们要建立的社会主义市场经济体制，就是要使市场在社会主义国家宏观调控下对资源配置起基础性作用，使经济活动遵循价值规律的要求，适应供求关系的变化；通过价格杠杆和竞争机制的功能，把资源配置到效益较好的环节中去，并给企业以压力和动力，实现优胜劣汰；运用市场对各种经济信号反应比较灵敏的优点，促进生产和需求的及时协调。同时也要看到市场有其自身的弱点和消极方面，必须加强和改善国家对经济的宏观调控。我们要大力发展全国的统一市场，进一步扩大市场的作用，并依据客观规律的要求，运用好经济政策、经济法规、计划指导和必要的行政管理，引导市场健康发展。

——《江泽民文选》（第一卷），人民出版社2006年版，第210—227页

解读

1992年，在邓小平南方谈话的推动下，中共十四大明确建立社会主义市场经济的目标。1993年11月，中共十四届三中全会通过了《中共中央关于建立社会主义市场经济体制若干问题的决定》，明确指出社会主义市场经济体制是同社会主义基本制度结合在一起的。

建立社会主义市场经济体制，就是要使市场在社会主义国家宏观调控下对资源配置起基础性作用。通过改革，建立新体制的目的是要最大限度地解放和发展生产力，增强国家的综合国力，提高人民生活水平。

探究

结合文献，理解1992年中共十四大关于建立社会主义市场经济体制的相关内容和意义。

文献选编 ▶

中华人民共和国加入世界贸易组织议定书（节选）

序言

世界贸易组织（WTO），按照WTO部长级会议根据《马拉喀什建立世界贸易组织协定》（以下称《建立WTO协定》）第12条所做出的批准，与中华人民共和国（以下称中国），

忆及中国是《1947年关税与贸易总协定》的创始缔约方，

注意到中国是《乌拉圭回合多边贸易谈判结果最后文件》的签署方，

注意到载于WT／ACC／CHN／49号文件的《中国加入工作组报告书》（以下称工作组报告书），考虑到关于中国WTO成员资格的谈判结果，协议如下：

第一部分　总则

第1条　总体情况

1. 自加入时起，中国根据《建立WTO协定》第12条加入该协定，并由此成为WTO成员。

2. 中国所加入的《建立WTO协定》应为经在加入之日前已生效的法律文件所更正、修正或修改的《建立WTO协定》。本议定书，包括工作组报告书第342段所指的承诺，应成为《建立WTO协定》的组成部分。

……

第2条　贸易制度的实施

（A）统一实施

1. 《建立WTO协定》和本议定书的规定应适用于中国的全部关税领土，包括边境贸易地区、民族自治地方、经济特区、沿海开放城市、经济技术开发区以及其他在关税、国内税和法规方面已建立特殊制度的地区（统称为"特殊经济区"）。

2. 中国应以统一、公正和合理的方式适用和实施中央政府有关或影响货物贸

易、服务贸易、与贸易有关的知识产权（TRIPS）或外汇管制的所有法律、法规……

……

第3条　非歧视

除本议定书另有规定外，在下列方面给予外国个人、企业和外商投资企业的待遇不得低于给予其他个人和企业的待遇：

（a）生产所需投入物、货物和服务的采购，及其货物据以在国内市场或供出口而生产、营销或销售的条件；及

（b）国家和地方各级主管机关以及公有或国有企业在包括运输、能源、基础电信、其他生产设施和要素等领域所供应的货物和服务的价格和可用性。

第7条　非关税措施

1．中国应执行附件3包含的非关税措施取消时间表。在附件3中所列期限内，对该附件中所列措施所提供的保护在规模、范围或期限方面不得增加或扩大，且不得实施任何新的措施，除非符合《建立WTO协定》的规定。

2．在实施GATT 1994第3条、第11条和《农业协定》的规定时，中国应取消且不得采取、重新采取或实施不能根据《建立WTO协定》的规定证明为合理的非关税措施。……

……

第三部分　最后条款

1．本议定书应开放供中国在2002年1月1日前以签字或其他方式接受。

2．本议定书应在接受之日后第30天生效。

3．本议定书应交存WTO总干事。总干事应根据本议定书第三部分第1款的规定，迅速向每一WTO成员和中国提供一份本议定书经核证无误的副本和中国接受本议定书通知的副本。

4．本议定书应依照《联合国宪章》第102条的规定予以登记。

——薛荣久主编：《世界贸易组织（WTO）教程》（第三版），对外经济贸易大学出版社2018年版，第342—350页

解读

2001年11月，中国加入世界贸易组织议定书签字仪式在卡塔尔首都多哈举行。中国代表团团长石广生在议定书上签字。当年12月，中国正式成为世贸组织成员。加入世贸组织后，中国改革开放和经济发展进入加速期，中国的发展有力促进了世界经济发展。中国进一步融入经济全球化。

探究

了解中国加入世贸组织的艰辛历程，探究中国加入世贸组织的利与弊。